최소한의 은퇴공부

손쓸 새 없이 퇴직을 맞게 될
우리를 위한 현실적인 솔루션

최소한의 은퇴공부

단희쌤 지음

매일경제신문사

내 인생에 사이렌이
울리기 시작했다

어느 날 문득, 거울 속에서 낯선 얼굴과 마주치게 되는 순간이 있어요. 세월의 흔적이 담긴 그 얼굴에서 뺨의 주름, 흰머리, 눈가에 새겨진 미소의 자국들을 발견하게 되죠. 그때 비로소 깨닫게 돼요. 우리 모두는 시간이라는 강을 거슬러 오를 수 없다는 것을.

퇴직이라는 단어, 어떤가요? 누군가에겐 두려움으로, 또 다른 누군가에겐 오랫동안 기다려온 자유로 다가오지 않나요? 그 의미가 무엇이든, 우리 삶에 필연적으로 찾아오는 순간임은 분명해요.

특히 지금, 우리나라는 2025년 초고령사회에 진입하며 새로운 시대를 맞이하고 있어요. 다섯 명 중 한 명이 65세 이상인 사회. 이제 퇴직은 더 이상 '먼 미래의 일'이 아닌 '준비해야 할 현실'이 된 거예요.

불과 30년 전만 해도, 우리 부모님 세대는 평균 수명 70세를 바라보며 55세쯤에 퇴직했어요. 퇴직 후 약 15년을 더 사는 삶이었죠. 하지만 지금은 어떤가요? 평균 수명은 85세를 향해 달려가는데, 많은 사람들이 50대 초중반에 회사를 떠나고 있어요. 30년, 때로는 그 이상을 퇴직 후에 살아가야 하는 시대가 온 거예요. 인생의 3분의 1을 '퇴직자'로 살아가게 된 셈이죠.

951만 명, 이건 1964년부터 1974년 사이에 태어난 2차 베이비부머의 숫자예요. 이분들이 지금 본격적으로 퇴직의 문턱에 서 있고, 그 뒤를 이어 더 많은 사람들이 같은 길을 걷게 될 거예요. 이렇게 많은 사람들이 동시에 겪는 변화는 개인의 문제를 넘어 사회적 현상이 되는 법이죠.

저도 그 길을 걸어봤어요. 안정적인 한국전력공사를 떠난 후, 도전했던 사업들이 연이어 실패하면서 모든 것을 잃었던 그 시간들… 재산도, 가족도, 심지어 삶의 희망마저 놓아버렸던 깊은 절망의 순간이 있었어요. 두 번이나 극단적인 선택을 시도했던 저는 쪽방촌과 고시원을 전전하며 하루하루를 버텼죠. 그런 제가 다시 일어설 수 있었던 건, 절박함 속에서 찾아낸 새로운 관점과 지식 덕분이었어요.

이 책은 화려한 성공 스토리나 대단한 자산가들을 위한 투자 조언이 아니에요. 자산도 별로 없고, 퇴직금도 많지 않은, 진짜 '보통 사람들'을 위한 이야기예요. 퇴직 후 경제적 어려움뿐 아니라 느끼게 될 정서적, 사회적 공허함까지 현실적으로 다루려고 해요. 본격적으로 체계적인 해결에 대한 깊은 고민까지는 아니더라도, 일단은 슬쩍 알고 넘어가는 것만으로도 큰 도움이 될 만한 이야기들을 담았어요.

5060세대만의 문제가 아니에요. 3040세대에게도 더 이상 남의 일이 아닌, 지금부터 준비해야 할 과제죠. 평생 직장의 개념이 사라진 지금, 누구나 이른 퇴직을 경험할 수 있어요. 그리고 그때 우리는 '퇴직자'가 아닌 '새로운 시작을 준비하는 사람'이 되어야 하지 않을까요?

이 책을 통해 제가 전하고 싶은 메시지는 단 하나예요. 당신의 남은 인생은 충분히 길고, 그 시간은 단순히 살아남는 것이 아니라 '잘' 살아갈 가치가 있다는 거예요. 쉽지 않겠지만 함께라면 가능해요. 저의 실패와 성공, 그리고 수많은 사람들의 경험이 여러분의 길에 작은 등불이 되길 바랄게요. 자, 이제 초고령사회에서 잘 살아남기 위한 여정을 함께 시작해볼까요? 이 책이 시작을 위한 작은 도움이 되길 진심으로 바랍니다.

차례

1부

게임의 규칙이 바뀌었다
: 낡은 생존 공식은 버려라

1장 당신의 노후, 안녕하시길 바란다

2장 가장 먼저, 당신의 지갑부터 구출하라

3부

나는 이제 회사원이 아니다
: 나답게 일하며 평생 현역으로 사는 법

1부 :

게임의 규칙이
바뀌었다:

낡은 생존 공식은
버려라

당신은 지금까지 성실하게 살아왔다고, 그래서 당신의 노후는 괜찮을 것이라고 믿고 있습니까? 안타깝지만, 그것은 우리 부모님 세대에나 통했던 낡은 성공 신화일 뿐입니다. 50세에 월급이 끊겨 50년을 더 살아야 하는 시대, 은행에 넣어둔 돈의 가치가 밤사이 휴지가 되는 시대입니다. 게임의 규칙은 이미 완전히 바뀌었습니다.

1부에서는 당신이 애써 외면하고 싶었던, 그러나 반드시 마주해야만 하는 냉혹한 현실을 직시하게 될 것입니다. 당신의 통장 잔고를 위협하는 '조용한 도둑'의 정체와, 인생의 후반전을 송두리째 뒤흔들 '5가지 쓰나미'의 실체를 확인하는 순간, 당신은 더 이상 과거의 방식대로 살 수 없음을 깨닫게 될 것입니다. 이 불편한 진실을 마주할 용기, 그것이 생존을 위한 모든 전략의 첫걸음입니다.

1장

당신의 노후,
안녕하시길 바란다

나는 그저 성실하게 살았을 뿐인데, 왜 가난해지는가?

혹시 '노후'라는 단어를 들으면 어떤 그림이 떠오르시나요? 따스한 햇살 아래 손주들의 재롱을 보며 여유롭게 미소 짓는 모습? 평생의 반려자와 함께 그동안 가보지 못했던 곳을 여행하는 풍경? 누구나 한 번쯤은 꿈꿔봤을 평화로운 은퇴 후의 삶일 겁니다.

하지만 현실은 어떨까요? 안타깝게도 많은 이들이 꿈과는 전혀 다른 노후를 맞이합니다. 자식들에게 손 벌리는 부모가 될까 봐, 아파도 병원비 걱정에 참고 견디는 신세가 될까 봐 전전긍긍합니다. 왜 이런 차이가 생기는 걸까요? 그저 운이 나빠서일까요?

결코 아닙니다. 이것은 '운'의 문제가 아니라 '준비'의 문제입니다. 더 이상 은퇴준비는 부자들만의 이야기도, 먼 미래의 일도 아닙니다. 지금 이 글을 읽는 당신이 당장 시작해야만 하는, 우리 시대의 가장 절박한 생존 과제입니다. 거부할 수 없는 명백한 이유 5가지가 바로 여기 있습니다.

첫째, 우리는 너무 오래 삽니다

과거 우리 부모님 세대에게 '환갑'은 대단한 잔치였습니다. 평균 수명이 60세를 겨우 넘던 시절이었기 때문입니다. 하지만 지금은 어떻습니까? '100세 시대'라는 말이 더 이상 낯설지 않습니다. 통계청에 따르면 현재 50세인 사람은 앞으로 30년 이상을 더 살 가능성이 매우 높습니다. 60세에 은퇴한다고 가정해도 최소 30년, 길게는 40년이라는 긴 세월이 우리를 기다리고 있는 것입니다.

이는 우리가 사회생활을 했던 기간만큼, 어쩌면 그보다 더 긴 시간을 소득 없이 살아야 한다는 뜻입니다. 30년 벌어서 40년을 먹고 살아야 하는 시대, 과거에는 상상조차 할 수 없었던 일입니다. 준비 없이 이 기나긴 세월을 맞이한다면,

축복이어야 할 장수長壽는 오히려 끔찍한 재앙이 될 것입니다.

둘째, 자녀는 더 이상 우리를 부양하지 않습니다

"내가 너를 어떻게 키웠는데…" 자식에게 서운한 감정이 들 때 부모들이 흔히 하는 말입니다. 하지만 시대는 변했습니다. '효'의 개념도 바뀌었습니다. 자녀에게 부양받는 것을 당연하게 여기던 시대는 끝났습니다.

지금의 3040 자녀 세대는 우리 세대보다 훨씬 더 치열한 경쟁과 불안정한 미래 속에 살고 있습니다. 천정부지로 솟은 집값, 살인적인 교육비, 불안한 일자리 속에서 제 한 몸 건사하기도 벅찹니다. 그들에게 부모 부양은 현실적으로 불가능한 짐일 수 있습니다. 그들을 탓할 수 없습니다. 이것이 우리가 마주한 현실이기 때문입니다. 이제 '내 노후는 내가 책임진다'는 생각을 기본값으로 삼아야 합니다. 자식에게 기댈 생각을 버릴 때, 비로소 우리는 독립적이고 주체적인 노후를 설계할 수 있습니다.

셋째, 국가는 우리를 끝까지 책임져주지 못합니다

물론 우리는 꼬박꼬박 국민연금을 냈고, 국가가 최소한의 안전망이 되어줄 것이라 믿습니다. 하지만 그것만으로 충분할까요? 국민연금 고갈에 대한 논란은 해가 갈수록 뜨거워지고 있고, 우리가 받게 될 연금액이 지금과 같은 가치를 유지할 것이라는 보장도 없습니다.

설령 연금을 받는다 해도, 그것만으로 품위 있는 노후 생활을 유지하기는 어렵습니다. 기본적인 의식주 해결은 가능할지 몰라도, 예상치 못한 질병, 자녀의 경조사, 약간의 여가생활까지 감당하기에는 턱없이 부족합니다. 국가는 최소한의 생존을 도울 뿐, 우리가 꿈꾸는 풍요로운 노후까지 책임져주지는 않습니다. 나머지 빈칸은 우리 스스로 채워 넣어야 합니다.

넷째, 우리는 너무 빨리 직장에서 밀려납니다

'평생직장'이라는 말은 이제 박물관에서나 찾아볼 수 있는 유물이 되었습니다. 통계에 따르면 우리나라 직장인의 실제 평균 퇴직 연령은 49.3세에 불과합니다. 50세가 되기 전에 주된 일자리에서 밀려나는 것입니다.

문제는 퇴직 후에도 우리에게는 아직 갚아야 할 대출금이 남아 있고, 자녀 교육비는 최고조에 달한다는 점입니다. 한창 돈이 많이 들어갈 시기에 주 소득원이 끊기는 '소득 절벽'에 직면하게 되는 것입니다. 이 위기를 어떻게 넘기느냐에 따라 남은 50년의 삶의 질이 결정됩니다. 준비 없이 맞이한 퇴직은 개인의 비극을 넘어 한 가정을 통째로 흔드는 재앙이 될 수 있습니다.

다섯째, 우리는 너무 쉽게 생각합니다

"어떻게든 되겠지", "나만 이렇게 사는 것도 아닌데, 뭐"라는 생각이 가장 무서운 이유입니다. 위에서 언급한 4가지 이유보다 더 근본적이고 위험한 문제입니다. 대부분의 사람들이 위기의 심각성을 알면서도 '설마 내가 그렇게 되겠어?'라는 막연한 낙관론에 기댑니다. 하지만 위기는 예고 없이 찾아오고, '설마' 했던 사람들에게 가장 먼저 찾아옵니다.

은퇴준비는 더 이상 미룰 수 있는 선택지가 아닙니다.

오늘 당장, 지금 이 순간부터 시작해야 하는 의무입니다. 이 5가지 이유를 가슴 깊이 새기고 냉정하게 자신의 현실을 돌아보는 것, 그것이 바로 길고 긴 두 번째 인생을 '제대로' 살아남기 위한 첫걸음입니다.

동전 던지기 같은 당신의 미래,
빈곤 노인이 될 확률 50%

동전 던지기를 해본 적 있으신가요? 앞면이 나올 확률 50%, 뒷면이 나올 확률 50%. 그야말로 반반입니다. 만약 당신의 노후가 이 동전 던지기에 달려 있다면 어떨 것 같으신가요? 한쪽은 평안한 노후, 다른 한쪽은 빈곤한 노후. "에이, 설마" 하고 웃어넘기기에는 너무나 섬뜩한 도박일 겁니다.

이것이 단순한 비유가 아니라, 바로 당신의 통장에서, 당신의 노후 계획서 위에서 벌어지는 현실적인 도박이라면 어떨까요? 믿기 힘드시겠지만, 지금 대한민국 50대의 은퇴가 바로 이 동전 던지기와 같습니다.

대한민국은 OECD 국가 중 노인 빈곤율 1위라는 불명예

스러운 타이틀을 수년째 놓치지 않고 있습니다. 그 수치가 얼마인지 아십니까? 50%에 가깝습니다. 이는 OECD 평균의 거의 두 배에 달하는 압도적인 수치이며, 우리가 '선진국'이라 부르는 나라들 가운데 유일하게 나타나는 기현상입니다.

이 숫자가 무엇을 의미할까요? 길을 걷는 어르신 두 분 중 한 분은 절대적인 가난에 시달리고 있다는 뜻입니다. 이 통계는 그저 뉴스에 나오는 남의 이야기가 아닙니다. 바로 우리의 20~30년 뒤 미래가 될 수 있는, 가장 현실적인 예고편입니다.

"나는 대기업 부장까지 지냈고, 서울에 번듯한 아파트도 한 채 있는데 설마 내가 빈곤 노인이 되겠어?", "성실하게 직장생활 하면서 꼬박꼬박 저축했으니 괜찮을 거야." 아마 많은 분들이 이렇게 생각하실 겁니다. 저 역시 그랬습니다. 하지만 이 문제가 진짜 무서운 이유는 따로 있습니다. 바로 그 '평범하고 성실하게 살아온' 사람들마저 빈곤의 나락으로 떨어뜨리는, 보이지 않는 구조적인 함정이 존재하기 때문입니다.

우리가 앞서 살펴본 5가지 이유를 다시 떠올려 보십시오. 너무 길어진 수명, 자녀에게 기댈 수 없는 현실, 국가의 불완전한 보호, 너무 이른 퇴직, 그리고 '어떻게든 되겠지'라는 안일한 생각. 이 모든 것이 합쳐져 '성실한 중산층'의 노후를 위협하는 시한폭탄이 되고 있습니다.

제가 아는 한 분의 이야기는 이 현실을 더욱 아프게 보여줍니다. 대기업에서 부장으로 정년퇴직한 김 선배님, 그는 누구보다 성실한 가장이었습니다. 그는 자녀의 대학 졸업장과 서울 아파트 등기부등본이, 한 아버지로서 살아온 인생의 가장 빛나는 훈장이라고 굳게 믿었습니다.

퇴직 후, 그는 퇴직금과 아파트를 밑천 삼아 안락한 노후를 꿈꿨습니다. 하지만 현실은 냉혹했습니다. 자녀들의 결혼자금을 대주고 나니 퇴직금은 얼마 남지 않았고, 남은 아파트 한 채로는 부부의 생활비를 감당할 수 없었습니다. 결국 그는 60대 중반의 나이에 경비원으로 취직해야만 했습니다. 그는 술 한 잔 걸치며 제게 이렇게 말했습니다.

"단희야, 내가 뭘 그렇게 잘못 산 걸까? 평생 가족을 위해 희생하고, 남들처럼 아파트 한 채 마련한 게 전부인데, 왜 나는 여전히 새벽에 일어나 남의 주차장을 지켜야 하는 신세가 됐을까?"

이것이 바로 '50%'라는 숫자에 담긴 진짜 의미입니다. 이것은 단순히 돈이 부족하다는 경제적 지표를 넘어섭니다. 평생의 성실한 삶이 보상받지 못하는 사회, 정상적인 방법으로는 안락한 노후를 보장받을 수 없다는 절망적인 구조를 의미하는 것입니다.

지금 당신의 자산이 얼마인지는 중요하지 않습니다. 당신이 얼마나 성실하게 살아왔는지도 중요하지 않습니다. 이 불편한 진실을 정면으로 마주하고, 과거의 성공 방정식이 더 이상 통하지 않는다는 사실을 인정하는 것. 바로 거기서부터 새로운 희망을 찾을 수 있습니다. 운에 모든 것을 맡긴 채, 동전이 떨어지기만을 기다리시겠습니까? 아니면 지금부터 동전의 양면을 모두 '성공'으로 만드는, 자신만의 게임 규칙을 만들어 가시겠습니까? 그 첫걸음은 우리도 모르는 사이 지갑을 털어가는 '조용한 도둑'의 정체를 파악하는 것에서 시작됩니다.

은행에 쌓아둔 돈이
밤사이 휴지가 되는 마법, 인플레이션

질병보다 더 무서운 것이 있다는 말을 믿으시겠습니까? 병은 의사에게 치료라도 받을 수 있지만, 이 존재는 우리가 잠든 사이 조용히 찾아와 평생 모은 돈의 가치를 훔쳐갑니다. 눈에 보이지도 않고, 소리도 없어서 우리가 눈치 채지 못하는 사이, 30년간 피땀 흘려 모은 돈을 휴지조각으로 만드는 무서운 존재. 바로 앞서 잠깐 언급했던 '조용한 도둑', 인플레이션입니다.

경제학 용어라 어렵게 느껴지시나요? 전혀 그렇지 않습니다. 인플레이션은 아주 간단한 개념입니다. 어제 5,000원이었던 김치찌개가 오늘 8,000원, 내일은 1만 원이 되는 현상. 즉, 물건의 가격이 오르면서 내가 가진 돈의 가치가 계속해서 떨어지는 것을 의미합니다.

저도 기억합니다. 10년 전만 해도 만 원 한 장이면 친구와 함께 뜨끈한 국밥 한 그릇씩 사 먹고도 주머니가 든든했습니다. 하지만 지금 그 만 원은 어떤가요? 혼자서 점심 한 끼 해결하기도 벅찬 돈이 되었습니다. 물건의 가격이 오르는 동안, 당신의 지갑 속 돈은 가만히 앉아서 그 가치를 도둑맞은 것입니다.

이것이 노후 준비에 왜 치명적일까요? 우리는 보통 '10억 모으기'처럼 목표 금액을 정해놓고 저축합니다. 하지만 20년, 30년에 걸쳐 힘들게 10억을 모았다고 한들, 그 돈이 과연 30년 뒤에도 지금과 같은 '10억'의 가치를 할까요?

30년 전인 1990년대, '3억'은 경제적 자유를 향한 '입장권'이자 평생의 안락함을 보장하는 '증표'와도 같았습니다. 당시 강남의 30평대 아파트가 3억 원 안팎이었으니, 그 돈만 있으면 집 걱정 없이 편안한 노후를 보낼 수 있다고 믿었습니다. 하지만 30년이 지난 지금, 그 입장권은 기차역 플랫폼에 들어설 수 있을지도 미지수인 반쪽짜리 표가 되어버렸습니다.

이것이 바로 인플레이션의 마법이자 저주입니다. 인플레

이션은 우리가 잠자는 동안에도 쉬지 않고, 은행 예금 이자보다 훨씬 빠른 속도로 돈의 가치를 갉아먹습니다. 질병은 병원에 가서 치료라도 할 수 있지만, 인플레이션이라는 도둑은 우리가 알아채지도 못하는 사이 평생 모은 자산을 송두리째 훔쳐 갈 수 있습니다.

따라서 우리의 노후 준비 목표는 이제 바뀌어야 합니다. '얼마를 모을 것인가'가 아니라, '어떻게 돈의 가치, 즉 구매력을 지킬 것인가'로 말입니다. 통장에 찍힌 숫자가 아니라, 그 돈으로 살 수 있는 내일의 가치를 지키는 것이 핵심이라고 할 수 있습니다.

이 '조용한 도둑'의 정체를 알았으니 이제 그에 맞설 방법을 찾아야 합니다. 하지만 그 전에, 우리가 대비해야 할 또 다른 위협이 있습니다. 이 위협은 조용히 오지 않습니다. 예고 없이, 누구에게나 닥치는 거대한 '폭풍우'입니다. 바로 다음에서 이야기할, 50대에 우리를 기다리는 피할 수 없는 5가지 재앙입니다.

50대에 반드시 겪게 될 5개의 쓰나미, 당신의 방주는 준비되었는가?

인생이라는 마라톤의 반환점, 숨이 턱까지 차오르는 50대. 그런데 이 힘겨운 구간에서 우리를 기다리는 것은 시원한 물 한 잔이 아니라, 모든 것을 휩쓸어갈 수 있는 거대한 폭풍우입니다. 이것은 일부 운 없는 사람에게만 닥치는 불행이 아닙니다. 통계가 증명하듯, 당신에게도 반드시 닥쳐올 피할 수 없는 5가지 재앙입니다.

우리 주변의 수많은 선배들이 이미 겪어낸 너무나 보편적인 위기입니다. 이 재앙의 실체를 미리 아는 것만으로도, 우리는 속수무책으로 당하는 대신 단단히 대비할 수 있습니다.

첫째, 부모님의 마지막을 마주하다
: 돌봄과 상속의 비극

50대가 되면 영원히 우리 곁에 계실 것 같았던 부모님에게도 노쇠의 그림자가 짙어집니다. 이때 '돌봄'이라는 현실적인 숙제가 시작됩니다. 부모님을 돌보기 위해 직장을 그만두는 '간병 퇴직'이 이 시기에 급증하며, 이는 곧바로 가정의 소득 절벽으로 이어집니다.

부모님의 장례식장에서 조문객들의 위로를 받으며 흘리던 눈물이 채 마르기도 전에, 형제들은 서로를 향해 날을 세우기 시작합니다. 바로 '상속 전쟁'의 서막입니다. 재산의 많고 적음은 중요하지 않습니다. 낡은 시골 집 한 채, 얼마 안 되는 통장 잔고 앞에서도 "나는 장남이니까", "내가 부모님을 더 모셨으니까"라는 각자의 이유가 튀어나오며 수십 년의 우애는 산산조각 납니다. 이 싸움의 끝에 남는 것은 돈 몇 푼이 아니라, 세상에 마지막 남은 내 편이라고 믿었던 가족을 잃었다는 끔찍한 상실감뿐입니다.

둘째, 몸과 마음이 나를 배신하다
: 갱년기와 질병의 공포

50세 전후, 우리 몸은 급격한 변화를 겪습니다. 여성은 폐경을 맞으며 극심한 신체적, 정신적 혼란을 겪고 남성 역시 남성호르몬이 줄어들며 무기력과 우울감을 느끼는 '남성 갱년기'를 경험합니다. 문제는 부부가 이 힘든 시기를 함께 겪는다는 것입니다. 서로를 보듬어주기는커녕, 각자의 고통에 매몰되어 사소한 말 한마디가 비수가 되어 날아와 수십 년간 쌓아온 신뢰를 무너뜨리기도 합니다. 여기에 고혈압, 당뇨, 암 등 본격적으로 시작되는 각종 성인병은 막대한 의료비 부담과 함께 삶의 질을 송두리째 파괴합니다.

셋째, 직장이 나를 내쫓는다
: 비자발적 퇴직의 충격

'정년 60세'라는 말은 이제 환상에 가깝습니다. 통계에 따르면 우리나라 직장인의 실제 평균 퇴직 연령은 49.3세입니다. 채 50세가 되기 전에 주된 일자리에서 밀려나는 것이 현실입니다. 더 큰 문제는 퇴직자의 41%가 자신의 의사와 상관없이 회사를 떠나는 '비자발적 퇴직'이라는 점입니다.

자녀 학자금과 아파트 대출금이라는 무거운 짐이 어깨를 짓누르는데, 어느 날 갑자기 내 책상이 사라지는 상황을 생각해보세요. 수십 년간 나의 존재 이유와도 같았던 명함 속 직함이 한순간에 증발하는 순간, 우리는 사회로부터 '필요 없는 사람'이라는 낙인이 찍힌 듯한 깊은 무력감과 공포에 휩싸이게 됩니다.

넷째, 평생의 동반자가 등을 돌리다
: 황혼 이혼의 급증

"애들만 다 키우면…" 이 말을 주문처럼 외우며 살아온 부부들이 많습니다. 하지만 자녀들이 모두 떠나고 텅 빈 집에서 하루 종일 배우자와 얼굴을 마주하게 되면, 그동안 억눌러왔던 갈등이 수면 위로 터져 나옵니다. 결혼 30년 차 이상 부부의 이혼율이 급증하는 이유입니다. 평생을 함께한 동반자가 가장 먼 남이 되어버리는 황혼 이혼은 경제적 타격은 물론, 깊은 고독과 외로움이라는 상처를 남깁니다.

다섯째, 자녀가 나의 발목을 잡는다
: 자녀 리스크

"내 노후는 포기해도 내 자식 결혼은 시켜야지." 세상에서 가장 숭고한 이 부모의 사랑이, 역설적으로 노후를 파탄 내는 가장 치명적인 독이 됩니다. 바로 '자녀 리스크'입니다. 자녀의 결혼자금, 사업자금을 위해 자신의 마지막 보루인 노후자금을 모두 내어주는 부모들. 이는 자녀의 성공을 위한 투자가 아니라, 부모와 자식이 함께 절벽 아래로 떨어지는 '동반 추락'의 티켓을 끊는 것과 같습니다. 사랑이라는 이름으로 행해지기에 더욱 거절하기 힘든, 가장 달콤한 재앙입니다.

이 5가지 재앙은 거대한 쓰나미처럼 예고 없이 우리의 50대를 덮쳐옵니다. 하지만 기억하십시오. 쓰나미가 밀려올 것을 미리 안다면 우리는 더 높은 곳으로 대피할 수 있습니다. 재앙의 실체를 파악한 지금, 우리는 절망의 가장 낮은 곳에서 희망의 가장 높은 곳으로 올라갈 준비를 마친 셈입니다. 1부에서 우리가 마주한 냉혹한 현실에 대한 인식은, 2부에서 우리가 만들어갈 단단한 미래의 주춧돌이 될 것입니다. 이제, 이 재앙의 파도를 넘어설 구체적인 생존 전략을 함께 찾아 나설 시간입니다.

2장

가장 먼저,
당신의 지갑부터
구출하라

그래서, 얼마면 돼?
안개 속 노후자금에 선명한 가격표 붙이기

1부에서 사이렌 소리를 들었다면, 2부에서는 직접 망치와 못을 들고 당신의 방주를 만들 시간입니다. 그 첫 단계는 바로 방주의 설계도를 그리는 것입니다. 그리고 그 설계도의 첫 번째 줄은 바로 '목표 설정'에서 시작됩니다.

'돈 걱정 없는 노후', '풍요로운 은퇴'… 말은 좋지만 너무나 막연합니다. 막연함은 불안을 낳고, 불안은 행동을 마비시킵니다. 이 불안의 안개를 걷어내는 가장 효과적인 방법은 바로 '숫자'로 이야기하는 것입니다. 당신의 은퇴에, 당신의 남은 인생에 과연 총 얼마가 필요할지 직접 계산해보는 것입니다.

겁먹지 마십시오. 복잡한 재무 공식이 필요한 것이 아닙니다. 지금부터 저와 함께 간단한 3단계 질문에 답하다 보면, 안개 속에 가려져 있던 당신의 목표 금액이 선명하게 모습을 드러낼 것입니다.

1단계: 한 달에 얼마를 쓰고 싶으신가요?

가장 먼저 정해야 할 것은 은퇴 후 부부의 '월 희망 생활비'입니다. 통계청 자료에 따르면 2023년 기준, 65세 이상 부부의 월평균 적정 생활비는 약 320만 원이라고 합니다. 하지만 평균은 평균일 뿐, 나의 상황과는 다를 수 있습니다.

다음 항목을 보며 우리 부부에게 필요한 한 달 생활비를 최대한 구체적으로 적어보세요. 허황된 꿈이 아닌, 지금의 생활 수준을 유지하거나 조금 더 여유로운 수준을 상상하며 현실적으로 적는 것이 중요합니다.

· **주거/공과금** 관리비, 각종 세금, 통신비, 난방비 등(월세라면 월세 포함)
· **식비/생필품** 식료품비, 외식비, 생활용품 구입비 등
· **의료/건강** 병원비, 약값, 영양제, 운동(헬스장 등) 비용

· **교통/차량 유지** 주유비, 보험료, 세금, 수리비 등

· **문화/여가** 여행, 취미, 모임, 경조사비

· **기타** 자녀 및 손주 용돈 등

(예시) 평범한 50대 가장, 김 부장님의 희망 생활비

평범한 50대 가장인 김 부장님은 아내와 주말에 영화 한 편 보는 소소한 즐거움을 포기하고 싶지 않습니다. 이를 바탕으로 계산해본 그의 희망 생활비는 다음과 같습니다.

주거/공과금 (80만 원) + 식비/생필품 (100만 원) + 의료/건강 (40만 원) + 교통/차량 (30만 원) + 문화/여가 (50만 원)

= 월 300만 원

2단계: 은퇴 후 몇 년을 더 살게 될까요?

다음은 은퇴 후 살아가야 할 기간을 계산하는 것입니다. '100세 시대'라고 하지만, 통계청의 기대여명을 참고하면 좀 더 현실적인 계산이 가능합니다. 2023년 기준 50세 남성은 앞으로 31.7년, 50세 여성은 37.2년을 더 살 것으로 기대됩니다. 평균적으로 85세까지 산다고 가정하는 것이 합리적입니다.

(예시) 김 부장의 은퇴 후 기간

- **희망 은퇴 나이:** 60세
- **기대수명:** 85세 은퇴 후 기간 = 85세 - 60세 = 25년

2.5단계: 나의 든든한 아군, 확정 수입 확인하기

총 필요자금을 보고 덜컥 겁부터 먹기 전에, 우리에게는 이미 준비된 든든한 아군이 있다는 사실을 기억해야 합니다. 바로 '국민연금'입니다. 이 확정된 수입을 먼저 계산에서 빼주면, 우리가 실제로 만들어야 할 금액의 부담이 훨씬 줄어듭니다.

(예시) 김 부장의 확정 수입(국민연금 예상 수령액)

65세부터 월 150만 원 수령 예상

3단계: 그래서 '진짜로' 필요한 돈은 얼마일까요?

이제 진짜 마지막 단계입니다. 총 필요자금에서 확정 수입을 뺀 '순수 필요자금'을 계산하는 것입니다.

(예시) 김 부장에게 '진짜로' 필요한 총 노후자금 (인플레이션 미반영)

- **총 필요자금:** 월 300만 원 X 12개월 X 25년 = 9억 원
- **국민연금 총 수령액:** 월 150만 원 X 12개월 X 20년(65~85세) = 3억 6,000만 원

순수 필요자금 = 9억 원 - 3억 6,000만 원 = 5억 4,000만 원

자, '5억 4,000만 원'이라는 훨씬 현실적인 숫자가 나왔습니다. 어떤가요? 막막했던 9억 원이라는 거대한 산이, 이제는 우리가 충분히 오를 수 있는 동네 뒷산처럼 느껴지지 않으신가요? 이것이 바로 목표를 구체화하는 것의 힘입니다. 이 5억 4,000만 원은 절망의 벽이 아니라 우리가 정복해야 할 명확한 산의 높이입니다. 또한 이 금액은 돈을 금고에 넣

어두고 꺼내 쓰기만 할 때의 이야기입니다. 하지만 우리는 그렇게 하지 않을 것입니다. 앞으로 우리가 배울 전략들은 이 돈이 스스로 일을 해서 '조용한 도둑(인플레이션)'을 이기게 만드는 방법입니다. 이 숫자는 더 이상 부담이 아니라, 우리 여정의 첫 번째 이정표가 될 것입니다.

하지만 이 계산의 진짜 목적은 우리를 겁주려는 것이 아닙니다. 막연했던 '돈 걱정'을 '9억 원'이라는 명확하고 구체적인 목표로 바꿔주는 것입니다. 우리는 이제 어디로 가야 할지 알려주는 내비게이션에 목적지를 입력한 셈입니다.

목적지가 정해졌으니, 다음 할 일은 명확합니다. 내비게이션이 현재 위치를 파악하듯, 이제 '나의 진짜 재무상태'를 정확히 파악해야 합니다. 내가 가진 자산은 얼마인지, 빚은 얼마인지, 매달 얼마를 더 모을 수 있는지 냉정하게 분석하는 것이죠. 바로 그 방법을 함께 알아보겠습니다.

내 노후를 위협하는 가장 사랑스러운 적, 자녀 리스크

좋습니다. 이제 우리 손에는 '5억 4,000만 원'이라는 명확한 목표 지도가 들려 있습니다. 이 지도만 따라가면 안전할 것 같습니다. 하지만 바로 그 순간, 당신의 등 뒤에서 소리 없이 다가와 그 지도를 통째로 삼켜버리는 거대한 블랙홀이 있습니다. 당신의 모든 계획과 노력을 한순간에 무의미하게 만들, 가장 치명적인 위험 말입니다.

하지만 안타깝게도, 당신이 아무리 완벽한 재무 설계를 세운다 한들 이 모든 계획을 단 한 번에 무너뜨릴 수 있는 '블랙홀'이 존재합니다. 그것은 시장의 변동성도, 갑작스러운 질병도 아닙니다. 바로 세상에서 가장 사랑하기에 더 거절하기 힘든 위험, '자녀 리스크'입니다.

삼성생명 은퇴연구소의 조사 결과는 이 위험이 얼마나 현실적인지 처절하게 보여줍니다. 최근 5년 내 자녀를 결혼시킨 부모 중 무려 97%가 결혼자금을 지원했고, 그 평균 금액은 1억 3,000만 원에 달했습니다. 더욱 충격적인 사실은, 이 금액이 부모 노후자금의 55%, 즉 절반을 훌쩍 넘는다는 점입니다. 평생 모은 노후자금의 절반 이상을 자녀의 새 출발을 위해 내어주고 있는 것입니다.

'내 노후는 좀 힘들어도, 내 자식만큼은 기죽지 않고 시작하게 해줘야지.' 이것은 단순히 한두 사람의 생각이 아닙니다. 자식의 성공을 나의 성공과 동일시하고, 자식을 위해서라면 기꺼이 모든 것을 희생하는 것이 최고의 미덕이라 여겨온 우리 사회의 오랜 문화이자 정서입니다. 그 애끓는 마음을 누가 탓할 수 있을까요. 하지만 시대가 변했고, 생존의 규칙이 바뀌었습니다. 과거의 미덕이었던 '희생'이 이제는 부모와 자식 모두를 불행의 늪으로 끌어당기는 '독이 든 성배'가 될 수 있다는 사실을 우리는 알아야 합니다.

제가 상담 현장에서 가장 안타까운 순간은, 바로 이 '자녀 리스크' 때문에 평생의 계획이 물거품이 되는 것을 목격할 때입니다. 그중에서도 제 오랜 고객이었던 박 부장님의 이야기는 지금도 가슴을 먹먹하게 만듭니다. 그는 은퇴 후 상가주택을 매입해 월세를 받으며 아내와 여행을 다니겠다는 구체적인 계획을 세웠습니다. 그의 눈은 미래에 대한 희망으로 반짝였습니다. 하지만 유학까지 다녀온 아들의 첫 사업이 실패하고 빚더미에 앉게 되자, 그는 한 치의 망설임도 없이 상가주택 계약을 포기하고 그 돈으로 아들의 빚을 모두 갚아주었습니다. "아비 된 도리로 당연히 해야 할 일이지. 아들이 재기하면 그때 나를 모시지 않겠나"라고 그는 제게 말하며 허허 웃었습니다.

하지만 아들의 사업은 다시 어려워졌고, 박 부장님은 결국 은퇴자금을 모두 잃은 채 생활고에 시달리게 되었습니다. 이제 아들은 죄책감에 부모를 피하고, 박 부장님은 아들을 원망하며 하루하루를 보내고 있습니다. 숭고한 부모의 사랑이 결국 모두에게 씻을 수 없는 상처만 남긴 비극이 된 것입니다.

내 안의 '자녀 리스크', 지금 바로 점검해보세요

이것이 과연 남의 이야기일 뿐일까요? 다음 4가지 질문에 솔직하게 답해보며, 당신 안에 잠재된 자녀 리스크는 어느 정도인지 직접 점검해보시기 바랍니다.

1. 자녀의 결혼, 내 집 마련은 '부모의 마지막 숙제'라고 생각한다.
   (예 / 아니오)

2. 자녀를 돕기 위해서라면, 나의 노후자금을 쓰는 것도 어쩔 수 없다고 생각한다.
   (예 / 아니오)

3. 자녀에게 나의 경제적 상황이나 노후 계획에 대해 솔직하게 이야기해본 적이 없다.
   (예 / 아니오)

4. 자녀 지원에 대한 명확한 원칙이나 한도 금액을 정해놓지 않았다.
   (예 / 아니오)

위 질문에 '예'라고 답한 항목이 많을수록, 당신의 노후 계획은 자녀 리스크라는 블랙홀에 빨려 들어갈 위험이 매우 큰 상태입니다.

기억하십시오. 자녀를 진정으로 위하는 길은 나의 모든 것을 내어주는 것이 아닙니다. 오히려 내가 경제적으로 굳건히 자립하여 자녀에게 어떤 상황에서도 부담을 주지 않는 '기댈 수 있는 언덕'이 되어주는 것입니다. 그것이 바로 이 시대, 부모가 자식에게 줄 수 있는 가장 큰 사랑이자 최고의 유산입니다.

자, 이제 우리는 목적지(필요자금)를 확인했고, 가장 위험한 암초(자녀 리스크)의 위치까지 파악했습니다. 방주를 띄우기 전 마지막으로 할 일이 남았습니다. 바로 우리 배의 현재 상태를 점검하는 것입니다. 배에 실린 짐(자산)은 얼마나 되고, 우리가 갚아야 할 빚(부채)은 얼마나 되는지. 다음에서는 '재무상태표'라는 정밀 스캐너를 통해 우리 집의 진짜 재무 체력을 낱낱이 확인해보겠습니다.

'부동산 부자, 현금 거지'의 착각, 잠자는 아파트를 깨워라

"그래도 나는 서울에 아파트 한 채는 있으니 괜찮아." 많은 50대가 이 말을 부적처럼 외우며 살아갑니다. 이 집 한 채가 수십 년간 흘린 땀의 결실이자, 마지막 자존심이라고 믿습니다.

하지만 만약, 그 가장 든든하다고 믿었던 보루가 사실은 당신의 발목을 잡는 거대한 족쇄라면 어떻게 하시겠습니까? 맞습니다. 수십 년간 뼈 빠지게 일해서 마련한 내 집 한 채는 박수 받아 마땅한 성실함의 증표입니다. 대한민국에서 '내 집'이 주는 안정감과 자부심은 그 무엇과도 비교하기 어렵습니다.

하지만 바로 이 강력한 믿음이, 우리의 노후를 준비하는데 있어 가장 위험한 '착시효과'를 만들어낸다는 사실을 알고 계신가요?

우리는 흔히 '부동산 부자, 현금 거지'라는 말을 합니다. 뉴스에서는 연일 집값이 올랐다고 하고, 내 아파트 시세도 10억 원, 15억 원을 훌쩍 넘습니다. 서류상으로 우리 집 자산은 15억 원. 명백한 부자입니다. 하지만 그 장부상의 숫자가 오늘 저녁 밥상에 오를 쌀 한 톨, 아플 때 먹어야 할 약 한 봉지를 사주지는 않습니다. 갑자기 손주가 갖고 싶은 장난감을 사달라고 조를 때, 지갑에서 선뜻 꺼내 줄 수 있는 만 원짜리 한 장이 아파트 등기부등본보다 훨씬 더 현실적인 힘을 가집니다.

이것이 바로 '자산의 함정'입니다. 아파트는 분명 소중한 자산이지만, 매달 내 통장에 돈을 입금해주지는 않는 '잠자는 자산'입니다. 잠자는 자산은 우리에게 심리적 안정감은 줄지언정, 당장의 생계를 책임져주지는 못합니다. "은퇴 후 월급이 끊긴 상황에서, '잠자는 자산'은 매달 나를 위해 돈을 벌어다 주는 '일하는 자산'으로 바뀌어야만 진정한 의미를 갖습니다."

"생각해보십시오. 15억 원짜리 강남 아파트에 살지만 매달 카드값을 걱정하며 밤잠을 설치는 A씨. 경기도의 5억 원 짜리 집에 살지만 10억 원의 투자 자산으로 매달 400만 원의 현금이 통장에 찍히는 B씨. 겉으로 보이는 사회적 위상은 A씨가 더 높을지 모릅니다. 하지만 과연 누구의 노후가 더 행복할까요? 돈 걱정 없이 아침을 맞는 사람은 단연코 B씨일 겁니다."

우리에게 남은 시간은 그리 많지 않습니다. 이 '잠자는 자산'을 어떻게 '일하는 자산'으로 바꿀 것인지, 그 전략을 세워야 할 시간이 다가오고 있습니다. 언제까지고 "그래도 집 한 채 있으니 괜찮겠지"라는 막연한 위안에 기대고 있을 수는 없습니다.

그 전략을 세우기 위한 첫 번째 단계가 바로, 이 막연한 믿음의 실체를 정확한 숫자로 확인하는 것입니다. 내가 가진 자산이 정말 이 아파트 한 채뿐인지, 혹시 잊고 있던 예금이나 보험은 없는지, 그리고 가장 중요한 '내가 갚아야 할 빚'은 얼마나 되는지.

지금 우리에게 필요한 것은 '우리 집은 ○○아파트 몇 평'이라는 주소가 아니라, '그래서 순자산이 얼마인가?'라는 정확한 재무 데이터입니다. "이제 우리 집 경제의 '종합 건강검진'을 시작할 시간입니다. 다음에서는 기업의 재무상태표처럼, 우리 집의 모든 자산과 부채를 한눈에 볼 수 있는 '가계 재무상태표'를 직접 작성해볼 것입니다. 이 검진을 통해 당신은 비로소 '아파트 한 채'라는 몽상에서 깨어나, 현실에 두 발을 딛고 미래를 설계할 준비를 마치게 될 것입니다."

우리 집 재무상태표,
적나라한 현실과 마주할 용기

자, 이제 이번 장의 마지막 단계이자, 가장 중요한 실습 시간입니다. 앞서 우리는 우리 집 경제의 '종합 건강검진'이 필요하다고 말했습니다. 지금부터 우리가 할 일이 바로 그것입니다. 어렵고 복잡할 것이라 미리 겁먹을 필요 없습니다. 오히려 이 과정을 거치고 나면, 막연했던 불안감은 사라지고 '이제 무엇을 해야 할지 알겠다'는 자신감이 생길 것입니다.

기업들이 분기마다 재무상태표를 통해 회사의 건강 상태를 점검하듯, 우리도 '나만의 재무상태표'를 작성해 우리 집의 진짜 재무 체력을 확인해볼 것입니다. 지금 당장 종이와 펜, 혹은 스마트폰의 메모장을 켜고 저를 따라오시면 됩니다.

재무상태표란? 아주 간단한 뺄셈입니다

어려운 이름에 비해 원리는 아주 간단합니다. 내가 가진 모든 것(자산)에서 내가 갚아야 할 모든 것(부채)을 빼는 것입니다. 그렇게 해서 남는 돈이 바로 나의 진짜 재산, '순자산'입니다.

$$총자산 - 총부채 = 순자산$$

간단해 보이는 뺄셈이지만 제대로 들여다 보는 것이 필요합니다. 지금부터 2단계에 걸쳐 내가 가진 것과 갚아야 할 것을 꼼꼼하게 목록으로 만들어 보겠습니다.

1단계: 내가 가진 모든 것 적어보기(총자산)

내가 가진 자산을 모두 적어보는 시간입니다. '이런 것도 자산인가?' 싶은 것까지 최대한 샅샅이 찾아내 적어보는 것이 중요합니다.

구분	자산 항목	내용 및 기입 요령	금액(만 원)
A. 금융자산 (바로 쓸 수 있는 돈)	①현금/보통예금	월급 통장, 생활비 통장 등 모든 수시 입출금 통장 잔액	(예) 500
	②정기 예적금	만기가 정해져 있는 모든 예금과 적금의 현재 잔액	(예) 2,000
	③주식/펀드/ETF	현재 시점의 평가 금액	(예) 2,000
	④ 연금/보험	개인연금/IRP 현재 잔액, 보험의 예상 해지환급금	(예) 5,500
	금융자산 소계	(①+②+③+④)	(예) 10,000
B. 부동산 자산 (묶여 있는 돈)	⑤거주 주택	현재 살고 있는 집의 '현재 시세'(공시가격 X)	(예) 110,000
	⑥기타 부동산	오피스텔, 상가, 땅 등의 현재 시세	(예) 0
	⑦전월세 보증금	내가 세입자일 경우, 나중에 돌려받을 보증금	(예) 0
	부동산자산 소계	(⑤+⑥+⑦)	(예) 110,000
C. 기타 자산	⑧자동차	지금 중고로 팔았을 때 받을 수 있는 예상 금액	(예) 1,000
	기타자산 소계	(⑧)	(예) 1,000
총계	나의 총자산	(A+B+C)	(예) 121,000

2단계: 내가 갚아야 할 모든 것 적어보기(총부채)

이제 반대로 내가 갚아야 할 빚, 즉 부채를 모두 적어볼 차례입니다. 부채를 마주하는 것은 용기가 필요한 일이지만, 정확히 알아야만 갚을 계획도 세울 수 있습니다.

구분	부채항목	내용 및 기입 요령	금액(만 원)
A. 금융자산 (바로 쓸 수 있는 돈)	①주택담보대출	아파트 담보대출 등 부동산 관련 대출의 남은 원금	(예) 40,000
	②신용대출	은행, 카드사 등 모든 금융권 대출의 남은 원금	(예) 2,000
	③자동차 할부	자동차 할부금으로 남은 금액	(예) 500
	④기타 대출/빚	학자금 대출, 가족이나 지인에게 빌린 돈 등	(예) 0
총계	**나의 총부채**	**(①+②+③+④)**	**(예) 42,500**

모든 준비가 끝났습니다. 이제 위에서 계산한 총자산에서 총부채를 빼기만 하면 됩니다.

(예시) 김 부장님의 순자산

총자산 (12억 1,000만 원) - 총부채 (4억 2,500만 원) =
순자산 7억 8,500만 원

자, 어떤 숫자가 나왔나요? 생각보다 많아서 놀라셨나요, 아니면 너무 적어서 실망하셨나요? 하지만 숫자 자체보다 더 중요한 것이 있습니다. 바로 '자산의 구성'입니다.

김 부장님의 순자산 7억 8,500만 원 중, 당장 현금화할 수 있는 금융 자산은 1억 1,000만 원에 불과합니다. 나머지 대부분은 살고 있는 아파트에 묶여 있는 '잠자는 자산'입니다. 만약 김 부장님이 당장 은퇴한다면, 그는 7억 원이 넘는 자산가임에도 불구하고 현금 부족으로 생활고에 시달릴 수 있다는 뜻입니다.

이것이 바로 우리가 재무상태표를 작성한 진짜 이유입니다. 막연하게 '나는 아파트 한 채 있으니 괜찮아'라고 생각했던 것에서 벗어나, 내 자산의 현주소를 정확히 파악하고, '잠자는 자산을 어떻게 깨울 것인가?'라는 구체적인 고민을 시작하기 위함입니다.

이 재무상태표는 당신의 성적표가 아닙니다. 당신의 노후 설계를 위한 가장 정확한 '지도'입니다. 우리는 이제 이 지도를 손에 들고, 돈 걱정 없는 노후라는 목적지를 향한 본격적인 항해를 시작할 것입니다.

2부 :

생존을 넘어, 기회를 만든다:

돈이 마르지 않는 시스템 설계법

1부에서 현실의 위기감을 온몸으로 느끼셨다면, 이제 절망을 희망으로 바꿀 구체적인 '생존 도구'를 손에 쥘 차례입니다.

2부는 막연한 이론이 아닌, 당장 실행 가능한 현실적인 방법론의 집합체입니다. 평생의 골칫거리였던 아파트를 '평생 월급 통장'으로 바꾸는 주거 혁명의 기술, '시세 차익'이라는 낡은 신기루를 버리고 매달 돈이 복사되는 '현금 흐름'의 비밀, 그리고 국민연금부터 주택연금까지, 잠자고 있던 당신의 돈을 깨워 노후를 지키는 금융 솔루션의 모든 것을 담았습니다.

이를 통해, 당신은 더 이상 돈을 좇아다니는 인생이 아니라, 돈이 당신을 위해 일하는 '시스템'의 주인이 되는 놀라운 경험을 시작하게 될 것입니다. 당신의 노후를 위한 '방주'는 바로 여기서부터 만들어집니다.

3장

주거 혁명:

가장 강력하고
현실적인
첫 번째 솔루션

집을 줄이는 용기,
왜 가장 강력한 무기인가?

앞에서 우리는 '나만의 재무상태표'를 통해 우리 집의 민낯을 마주했습니다. 그리고 많은 분들이 한 가지 공통된 사실을 발견하셨을 겁니다. 바로 나의 순자산 대부분이, 어쩌면 전부가 지금 살고 있는 '아파트 한 채'에 묶여 있다는 냉혹한 현실 말입니다.

그 집은 당신의 수십 년 땀과 눈물이 담긴 성실함의 증표입니다. 그런데 이제 와서 그 집을 줄이라니요. 마치 인생의 실패를 인정하는 것 같고, 여태껏 쌓아온 모든 것을 부정하는 기분이 드실 겁니다. 하지만 만약, 그 가장 든든하다고 믿었던 성공의 상징이 사실은 당신의 노후를 가두는 '황금 감옥'이었다면 어떻게 하시겠습니까?

은퇴 후 월급이 끊긴 우리에게 필요한 것은 더 이상 '크고 넓은 집'이 아닙니다. 매달 내 통장에 따박따박 돈을 꽂아주는 '현금 흐름'입니다. 월급이 끊긴 순간, 그 '잠자는 아파트'는 더 이상 든든한 자산이 아닙니다. 매달 재산세, 관리비, 수리비라는 사료를 끊임없이 요구하면서도, 정작 주인에게는 단 한 푼의 수익도 가져다주지 않는 '돈 먹는 하마'로 돌변하기 때문입니다.

바로 이 지점에서, '집을 줄이는 용기'는 그 어떤 재테크 기술이나 금융 상품보다 강력한, 당신의 인생 2막을 구원할 단 하나의 무기가 됩니다.

다운사이징은 '수입은 늘리고(현금 확보), 지출은 줄이는(고정비 감소)' 재테크의 핵심 원리를 가장 확실하게 구현하는 '원투펀치' 전략입니다. 첫 번째 펀치로 불필요한 자산을 현금화하여 공격의 실탄을 확보하고, 두 번째 펀치로 새어 나가는 돈을 막아 방어력을 극대화하는 것입니다.

수익 원의 '현금 실탄'을 즉시 확보할 수 있습니다

10억 원짜리 아파트에서 6억 원짜리 아파트로 옮기기만 해도, 당신의 손에는 4억 원이라는 거대한 목돈이 쥐어집니다. 이 돈은 당신이 앞으로 10년, 20년 동안 저축해도 만지기 힘든 금액입니다. 이 현금 실탄은 대출을 갚아 이자 부담을 없애거나, 매달 월세를 받는 수익형 부동산에 투자해 평생 마르지 않는 현금 파이프라인을 구축하는 종잣돈이 됩니다.

매달 새어 나가는 '고정 지출'을 극적으로 줄일 수 있습니다

집이 작아지면 재산세, 관리비, 냉난방비 등 매달 숨만 쉬어도 나갔던 고정 비용이 눈에 띄게 줄어듭니다. 한 달에 30~50만 원만 줄여도, 1년이면 360만 원에서 600만 원이라는 돈이 절약됩니다. 이는 은퇴 생활자에게 국민연금만큼이나 실질적인 도움이 됩니다.

자녀들이 모두 떠나고 부부만 남은 텅 빈 대형 아파트. 그 넓은 공간을 청소하고 관리하는 데 쓰는 시간과 에너지는 또 어떻습니까? 다운사이징은 돈뿐만 아니라, 우리의 소중한 시간과 에너지까지 아껴주는 현명한 선택입니다.

이제 생각을 바꿔야 합니다. 집을 줄이는 것은 후퇴나 실패가 아닙니다. 더 높은 정상을 오르기 위해 불필요하고 무

거운 짐을 베이스캠프에 내려놓는 현명한 등반가의 결단과
도 같습니다. 체면과 과거의 성공이라는 무거운 짐을 벗어던
져야만, 우리는 비로소 '현금 흐름'이라는 산소를 공급받고
경제적 자유라는 정상에 도달할 수 있습니다. 자녀에게 보여
주기 위한, 남들에게 과시하기 위한 삶이 아니라, 오롯이 나
의 행복과 안정을 위한 삶을 선택하는 '용기'입니다.

　이 용기 있는 결단 하나가 당신의 남은 50년을 좌우할 것
입니다. 이제, 당신의 인생 2막을 구원할 이 가장 강력한 무
기를 어떻게 현명하게 휘두를 것인지, 그 구체적인 사용설명
서를 다음 부분에서 펼쳐보겠습니다.

다운사이징 3가지 공식
: 평수, 지역, 소유라는 생각을 줄여라

다운사이징은 포기나 축소가 아닙니다. 오히려 불필요한 짐을 벗고 진짜 자유를 향해 나아가는 '3가지 해방의 열쇠'입니다. 지금부터 그 열쇠를 하나씩 당신 손에 쥐여드리겠습니다.

공식1: 평수坪數를 줄여라

가장 기본적이고 쉽게 시작할 수 있는 공식입니다. 자녀들이 모두 독립하고 부부만 남은 집에, 과연 30평, 40평, 50평의 넓은 공간이 필요할까요? 자녀들이 쓰던 방은 이제 창고가 되었고, 비어 있는 공간을 위해 매달 수십만 원의 관리비와 냉난방비를 내고 있는 것은 아닌가요?

생각을 바꾸면 간단합니다. 물론 수십 년 살아온 집의 평수를 줄이는 것이 자존심 상하는 일처럼 느껴질 수 있습니다. 하지만 이것은 후퇴가 아니라, 우리 부부의 생활에 최적화된 '스마트한 공간'으로 재탄생하는 과정입니다.

· **즉시 확보되는 현금** 같은 단지 내에서 평수를 줄이는 것만으로도 수억 원의 현금을 손에 쥘 수 있습니다.
· **고정 지출 감소** 관리비, 재산세, 각종 공과금이 줄어들어 매달 20~30만 원 이상의 현금이 절약됩니다.
· **시간과 에너지 확보** 넓은 집을 청소하고 관리하는 데 들어갔던 시간과 에너지를 오롯이 우리 부부를 위해 쓸 수 있습니다.

공식2: 지역地域을 바꿔라

평수를 줄이는 것과 함께 사용하면 그 효과가 극대화되는 공식입니다. 은퇴 후, 우리는 더 이상 직장이나 자녀의 학군 때문에 특정 지역에 얽매여 살 필요가 없습니다. '서울'이나

'대도시'라는 굴레에서 벗어나는 순간, 당신의 노후는 극적인 반전을 맞이하게 됩니다.

예를 들어, 자녀들도 모두 출가했고 더 이상 복잡한 서울에 묶여 살 이유가 없어진 부부를 상상해봅시다. 이들이 12억 원짜리 서울 아파트를 정리하고, 교통이 편리한 수도권 신도시의 6억 원짜리 신축 아파트로 옮긴다면 어떤 변화가 일어날까요?

· **거대한 현금 확보** 무려 6억 원이라는 현금이 생깁니다. 이 돈으로 4억 원의 주택담보대출을 모두 갚고도 2억 원이 남습니다.
· **새로운 삶의 질** 복잡한 도심을 벗어나 쾌적한 자연환경 속에서 여유로운 삶을 누릴 수 있습니다.
· **현금 파이프라인 구축** 남은 2억 원을 연 5% 수익률의 금융상품이나 수익형 부동산에 투자한다면, 매달 약 83만 원의 추가 소득이 발생합니다.

지역을 바꾸는 것은 단순히 거주지를 옮기는 것이 아니라, 나의 자산을 묶어두었던 '비싼 땅값'에서 벗어나 '현금 흐름'을 창출하는 고도의 투자 전략입니다.

공식3: 월세月賃를 살아라

'내 집 마련'이 평생의 지상 과제였던 우리 세대에게 가장 받아들이기 힘든, 그러나 가장 강력한 공식일지도 모릅니다. 바로 '소유'라는 굴레에서 벗어나 '거주'의 자유를 선택하는 것입니다. 앞선 사례에서의 부부가 12억 원 아파트를 팔고, 보증금 2억 원에 월세 100만 원짜리 아파트에 산다고 가정해 봅시다.

· **10억 원의 투자금 확보** 그들의 손에는 10억 원이라는 막대한 투자금이 생깁니다.
· **월세 내고도 돈이 남는 기적** 10억 원을 연 5%로만 운용해도, 1년이면 5,000만 원, 한 달이면 약 416만 원의 수익이 발생합니다. 여기서 월세 100만 원을 내고도, 매달 316만 원의 생활비가 생기는 기적이 일어납니다.
· **세금과 유지비로부터의 해방** 더 이상 재산세, 취득세 걱정을 할 필요가 없습니다. 집수리에 들어가는 목돈에 신경을 쓸 필요도 없습니다.

이 3가지 공식은 각각 독립적으로도 사용할 수 있지만,

자신의 상황에 맞게 2~3가지 공식을 조합할 때 그 위력은 상상을 초월하게 됩니다. 예를 들어, '지역을 바꿔 작은 평수의 월셋집'으로 이사한다면, 당신의 노후 현금 흐름은 극대화될 것입니다.

이제 당신의 손에 쥐어진 이 열쇠들로 어떤 문을 여시겠습니까? 선택은 당신에게 달렸습니다. 당신의 노후를 구원할 이 '주거 혁명'의 설계자는 바로 당신 자신입니다.

서울 아파트를 판 김 부장,
그의 인생에 일어난 기적

백 마디 이론보다 한 가지 실천이 중요합니다. 이제 책을 잠시 내려두고, 우리 주변의 평범한 이웃이 어떻게 자신을 옭아매던 '황금 감옥'에서 탈출했는지, 그 생생한 여정을 함께 따라가 보겠습니다. 이 이야기는 서울 상계동에 살았던, 당신과 다르지 않은 50대 가장 김 부장님의 실제 성공기입니다. 이 구체적인 로드맵을 통해, 다운사이징이 더 이상 막연한 두려움이 아니라 내 손으로 직접 실현할 수 있는 명확한 계획이 될 것입니다.

1단계: 냉정한 현실 진단, 김 부장님의 '다운사이징 전' 재무상태표

김 부장님(56세)은 은퇴를 4년 앞둔 중견기업 부장입니다. 그의 재무상태표는 대한민국 50대 가장의 전형적인 모습이었습니다.

자산	금액 (만 원)	부채	금액 (만 원)
거주 아파트 (서울 상계동, 32평)	120,000	주택담보대출	40,000
예금/적금	5,000	신용대출	3,000
개인연금/IRP	3,000	-	-
총자산	**128,000**	**총부채**	**43,000**
순자산	**85,000**		

8억 5,000만 원, 이 숫자는 평생 성실히 살아온 김 부장님에게 자부심의 원천이 되어야 했습니다. 하지만 현실에서 그 숫자는 밤잠을 설치게 하는 불안의 근원이었습니다. 서류상의 부와 텅 빈 통장 사이의 괴리. 매달 월급날이 되면 대출 원리금과 카드값으로 돈이 스쳐 지나갔고, 은퇴 후 월급이 끊길 날을 생각하면 등골이 서늘해졌습니다. '하우스 푸어',

남의 이야기인 줄만 알았던 그 단어가 자신의 미래가 될 수 있다는 공포가 그를 짓눌렀습니다.

2단계: 용기 있는 결단, 3가지 공식을 적용하다

고민 끝에 김 부장님 부부는 다운사이징을 결심했습니다. 그리고 앞서 우리가 배운 3가지 공식을 자신의 상황에 적용하기 시작했습니다.

- **공식1(평수 줄이기)** "아이들도 다 컸는데, 이제 우리 부부에게는 25평도 충분하겠어."
- **공식2(지역 바꾸기)** "회사 때문에 서울에 살았지만, 은퇴하면 굳이 복잡한 서울에 살 이유가 없지. 공기 좋고 교통 편한 경기도 쪽으로 가보는 거야."
- **공식3(월세 살기)** "그래도 아직은 내 집이 주는 안정감을 포기하긴 싫어."

부부는 여러 고민 끝에 월세 대신, 자가 소유를 유지하기로 결정했습니다.

3단계: 과감한 실행, 서울 아파트를 팔고 경기도로

결심을 굳히기까지 부부는 주말마다 치열한 토론과 조사를 병행했습니다. 3개월간 주말을 이용해 경기도의 여러 후보 지역을 직접 답사하며 교통, 편의시설, 병원 등을 꼼꼼히 살폈습니다. 또한, 상계동 아파트의 정확한 시세를 파악하기 위해 최소 3곳의 부동산 중개소에 문의하여 교차 검증하는 신중함을 보였습니다. 이러한 철저한 사전 준비가 있었기에 부부는 확신을 가지고 과감하게 실행에 옮길 수 있었습니다.

1. 서울 상계동 32평 아파트를 12억 원에 매도
2. 매도금으로 주택담보대출 4억 원과 신용대출 3,000만 원, 총 4억 3,000만 원의 빚을 모두 청산
3. 남은 돈 7억 7,000만 원 중 5억 원으로 경기도 고양시의 신축 25평 아파트를 매입
4. 최종적으로 수중에 2억 7,000만 원의 현금 확보

4단계: 기적 같은 변화, 김 부장님의 '다운사이징 후' 재무상태표

단 한 번의 결심과 실행으로 김 부장님의 재무상태는 극적으로 변했습니다.

자산	금액 (만 원)	부채	금액 (만 원)
거주 아파트 (경기도 고양시, 25평)	50,000	총부채	0
예금/적금/현금	32,000 (기존 5,000+확보 2억 7,000)		
개인연금/IRP	3,000		
총자산	**85,000**		
순자산	**85,000**		

결과를 보십시오. 순자산은 여전히 8억 5,000만 원, 정확히 똑같습니다. 무엇이 변한 걸까요? 이것이 바로 다운사이징의 마법입니다. 자산의 총량은 그대로지만, 그 성격이 완전히 바뀌었습니다. 아파트에 꽁꽁 묶여 있던 '잠자는 자산'이 '일하는 자산'으로 깨어났고, 무겁게 짓누르던 '부채'라는 족쇄가 사라졌습니다. 대신, 언제든 활용 가능한 3억 원이 넘

는 유연한 금융 자산이 생긴 것입니다. 이것은 단순한 숫자의 변화가 아니라, '속박'에서 '자유'로의 극적인 전환을 의미합니다.

5단계: 현금 흐름 창출, 잠자는 돈을 깨우다

김 부장님은 여기서 멈추지 않았습니다. 확보한 현금 2억 7,000만 원을 '일하는 자산'으로 바꾸기 시작했습니다. 1억 원은 비상 예비자금으로 남겨두고, 나머지 1억 7,000만 원을 연 6% 배당을 주는 우량주 ETF와 월세를 받을 수 있는 작은 오피스텔에 나누어 투자했습니다.

그 결과, 그는 매달 약 85만 원의 새로운 현금 흐름을 만들어냈습니다. 여기에 대출 이자로 나가던 돈까지 아끼게 되면서, 그의 가계부는 매달 흑자를 기록하기 시작했습니다.

훗날 김 부장님은 제게 이렇게 말했습니다. "솔직히 서울 집 팔 때는 내가 인생의 패배자가 된 것 같아 아내 앞에서 고개를 들 수 없었습니다. 하지만 그 섭섭함은 딱 한 달이었습니다. 빚이 사라진 홀가분함, 그리고 월급날이 아닌데 통장에 돈이 찍히는 경험. 그 두 가지만으로도 지난 수십 년간 나를 짓눌렀던 은퇴에 대한 공포가 눈 녹듯 사라졌습니다. 이 마음의 평화는 서울 아파트가 주지 못했던 진짜 행복이라고 생각합니다."

이것이 바로 다운사이징의 힘입니다. 이제 당신의 재무상태표를 다시 한 번 꺼내 보십시오. 그리고 김 부장님처럼, 당신만의 성공적인 다운사이징 로드맵을 그려보시기 바랍니다. 지금 시작해보십시오.

집은 '사는 곳'이지,
'모시는 곳'이 아니다

지금까지 우리는 집을 줄이는 구체적인 기술, 즉 하드웨어Hardware에 대해 이야기했습니다. 하지만 이 모든 기술은 당신의 마음, 즉 소프트웨어Software가 바뀌지 않으면 무용지물입니다. 어쩌면 이 장의 진짜 핵심은 바로 지금부터 시작되는 이야기일지 모릅니다. 바로 '집'을 바라보는 우리의 마음가짐, 그 근본적인 생각의 틀을 바꾸는 것입니다.

우리 세대에게 집은 단순한 시멘트 구조물이 아니었습니다. 그것은 '성공'의 증표였고, 가족을 지키는 '성채'였으며, 나의 사회적 지위를 증명하는 '명함'과도 같았습니다. 더 넓은 평수로, 더 좋은 지역으로 이사하는 것이 인생의 목표이자 성공의 척도였던 시절을 살아왔습니다. 그렇기에 집을 줄인다는 것은, 평생의 노력으로 쌓아 올린 나의 역사에 '실패'라는 낙인을 찍는 듯한 깊은 좌절감으로 다가올 것입니다.

하지만 이제 우리는 질문을 바꿔야 합니다. "어디에 사느냐Where"가 아니라 "어떻게 사느냐How"로. 자녀들이 모두 떠나고 부부만 남은 집. 그 넓고 텅 빈 공간에서, 매달 수십만 원의 관리비와 대출 이자를 걱정하며 사는 것이 과연 '성공한 삶'일까요? 아니면 집의 크기는 줄었지만, 빚 걱정 없이 매달 통장에 찍히는 현금으로 아내와 오붓하게 여행을 다니는 삶이 진정 '행복한 삶'일까요?

집에 대한 생각을 '보여주기 위한 소유'에서 '우리가 살기 위한 거주'로 바꾸는 순간, 남의 시선으로부터 자유로워지고 우리의 인생 후반전은 놀랍도록 편안해집니다. 집은 더 이상 나를 과시하기 위한 갑옷이나, 평생 짊어져야 할 무거운 짐이 아닙니다. 그저 우리의 행복한 노후를 담아내는, 편안하고 실용적인 '그릇'이면 충분합니다.

그릇이 작아진다고 해서 그 안에 담긴 음식의 맛이 변하는 것은 아닙니다. 오히려 불필요하게 큰 그릇을 비우고 나면, 우리는 비로소 그 안에 담긴 내용물, 즉 우리 부부의 삶 자체에 더 집중할 수 있게 됩니다.

· 재산세 고지서가 날아올 때마다 한숨짓던 삶에서 해방됩니다.

· 텅 빈 자녀의 방을 보며 느끼던 쓸쓸함 대신, 부부만의 아늑함이 그 자리를 채웁니다.

· 집을 청소하고 관리하는 데 쏟았던 시간과 에너지를, 이제 오롯이 나의 건강 과 취미를 위해 쓸 수 있습니다.

결론적으로 다운사이징은 단순히 자산을 현금화하는 재무 기술을 넘어서는, 인생의 관점을 바꾸는 철학입니다. 이 것은 집에 얽매여 있던 우리의 삶을 해방시키고, 돈과 시간, 그리고 에너지의 주도권을 되찾아오는 '인생 구조조정'입니다. 체면과 과거의 영광이라는 무거운 짐을 내려놓을 때, 우리는 비로소 경제적 자유와 마음의 평화라는 가벼운 날개를 달고 인생 2막을 훨훨 날아오를 수 있습니다.

당신에게 집은 어떤 의미입니까? 이제 그 낡은 정의를 버리고, 당신의 행복한 후반전을 위한 새로운 정의를 내려보시기 바랍니다. 그 생각의 전환 하나가 당신의 남은 인생을 그 어떤 재테크 기술보다도 더 풍요롭게 만들어줄 것입니다. 이제 그 가벼워진 마음으로, 주거 문제를 넘어 당신의 자산을 더욱 불려줄 다음 단계의 전략들을 만나볼 준비를 마치셨습니다.

4장

부동산,
'사는 곳'에서
'돈 버는 곳'으로

시세 차익의 신기루를 좇다
벼락거지가 된 사람들

앞에서 살펴본 '주거 혁명'을 통해, 우리는 드디어 아파트라는 황금 감옥에서 탈출해 수억 원의 현금 실탄을 손에 쥐었습니다. 이것은 단순한 목돈이 아닙니다. 황금 감옥에서 탈출하며 얻어낸, 당신의 남은 50년을 지켜줄 가장 강력한 '무기'이자 '자유' 그 자체입니다.

이제 질문은 명확해졌습니다. "이 씨앗을 어디에, 어떻게 심어야 평생 마르지 않는 열매를 맺을 수 있을까?" 많은 분들이 이 질문 앞에서, 과거의 성공 방정식에 기댑니다. 바로 '시세 차익Capital Gain'이라는 달콤한 유혹입니다. "어디 땅값이 오른다더라", "어느 지역 아파트가 재개발된다더라" 하는 정보에 귀가 솔깃해집니다. 월급을 받던 시절, 우리는 그렇게 부동산에 투자했습니다. 5년, 10년 묻어두면 두 배, 세 배가 되어 돌아오는 '대박'의 신화를 경험했거나, 적어도 주변에서 수없이 목격해왔기 때문입니다.

하지만 바로 이 순간, 우리는 과거의 성공 경험과 완벽하게 이별해야 합니다. 은퇴 후의 투자 세계에서, 시세 차익만을 좇는 투자는 더 이상 현명한 전략이 아니라 '가장 위험한 도박'입니다. 저 역시 과거 그 신기루를 좇다 크게 넘어졌던 뼈아픈 경험이 있기에, 이 사실을 더욱 강조하고 싶습니다. 왜일까요? 이유는 간단합니다. 우리에게는 더 이상 '기다릴 시간'이 없습니다.

월급이 나오던 시절에는, 설령 투자금이 5년간 묶여 있어도 생활에는 아무런 지장이 없었습니다. 하지만 월급이 끊긴 은퇴자에게 10년 뒤의 불확실한 대박은 사막의 신기루와 같습니다. 당장 눈앞의 갈증을 해결해주지 못하는 희망은 고문일 뿐입니다. 우리에게 필요한 것은 신기루가 아니라, 당장 마실 수 있는 한 잔의 물, 즉 '오늘의 돈'입니다.

바로 이 지점에서, 우리는 부동산을 바라보는 관점을 180도 바꿔야 합니다. 은퇴 후 부동산 투자의 유일한 목표는 '얼마나 오를까?'가 아니라, "매달 얼마가 들어오는가?"가 되어

야 합니다. 즉, '시세 차익'이 아닌 '현금 흐름Cash Flow'이 우리
의 새로운 나침반이 되어야 합니다.

'현금 흐름'이란, 매달 월급처럼 내 통장에 따박따박 꽂히
는 돈을 의미합니다. 내가 잠을 자는 동안에도, 여행을 하는
동안에도, 부동산이 나를 대신해 열심히 일해서 벌어다 주는
'제2의 월급'인 셈입니다.

- **시세 차익형 부동산** 내가 팔기 전까지는 그림의 떡입니다. 세금만 나갈 뿐,
  내 생활에 단 1원도 보태주지 못하는 '잠자는 돈'입니다.
- **현금 흐름형 부동산** 매달 안정적인 수입을 제공합니다. 나의 생활을 책임
  지고, 마음의 평화를 주는 '일하는 돈'입니다.

이제 선택은 명확합니다. 언제 팔릴지 모르는 '그림의 떡'
을 끌어안고 조마조마하게 사시겠습니까? 아니면 비록 규모
는 작더라도, 매달 꼬박꼬박 월세를 바치는 '효자 부동산'을
두어 마음 편한 노후를 보내시겠습니까?

시세 차익이라는 낡은 지도를 과감히 찢어버리고 '현금
흐름'이라는 새로운 보물 지도를 펼치는 순간, 당신의 노후
는 비로소 안전한 항로에 들어섭니다. 이제 그 지도 위에 숨
겨진 보물, 즉 '현금 흐름을 만들어주는 진짜 부동산'에는 어

떤 것들이 있는지 하나씩 캐내어 보겠습니다. 일단 시작해보면 생각보다 쉽게 알아챌 수 있습니다.

은퇴자가 반드시 피해야 할 부동산
vs 평생 월급 주는 효자 부동산

'현금 흐름'이라는 새로운 나침반을 손에 쥐었다면, 이제 우리가 할 일은 그 나침반이 가리키는 방향으로만 걷는 것입니다. 하지만 안타깝게도, 투자 시장에는 나침반을 교란시키는 달콤한 '유령의 노래'가 너무나도 많습니다. 그 노래에 홀려 잘못된 길로 들어서는 순간, 당신의 소중한 노후 자금은 안갯속으로 사라지게 될 것입니다.

저 역시 젊은 시절, '반드시 오른다'는 감언이설에 속아 기획부동산에 제 전 재산의 일부를 묻었던 뼈아픈 경험이 있습니다. 매일 밤잠을 설치며 기도했지만, 결국 그 땅은 팔리지도 않는 애물단지가 되었고, 소중한 제 노후 자금의 일부는 그렇게 공중으로 분해되었습니다. 그렇기에 더욱 단호하게 말씀드릴 수 있습니다. 은퇴자에게 다음 5가지 부동산은 '독이 든 사과'와 같습니다. 아무리 먹음직스러워 보여도, 절대 손대서는 안 됩니다.

내 노후자금을 삼키는 5가지 독사과, 절대 베어 물지 마시오

1. **토지(땅)** "묻어두면 언젠가는 오른다"는 말은 은퇴자에게는 가장 위험한 주문입니다. 땅은 매달 월세를 주지 않습니다. 오히려 재산세만 꼬박꼬박 낼 뿐입니다. 팔고 싶을 때 바로 현금화하기도 어렵습니다. 10년, 20년을 기다릴 여유가 없는 우리에게 땅은 '자산'이 아니라 '짐'입니다.

2. **상가** 저성장 시대, 늘어나는 공실… 상가 투자는 이제 전문가의 영역이 되었습니다. 특히 '신도시 단지 내 상가'나 '상가주택 1층'은 화려해 보이지만, 높은 분양가와 낮은 수익률의 함정에 빠지기 쉽습니다. 잘못 투자했다가는 수년간 공실 이자만 내다 끝날 수 있습니다.

3. **수익형 호텔/분양형 호텔** "연 12% 수익률 보장!" 같은 광고 문구는 100% 허위이거나 과장입니다. 이미 공급 과잉 상태이며, 약속했던 수익을 받지 못하는 경우가 허다합니다. 더 큰 문제는, 팔고 싶어도 아예 팔리지 않는 '유동성의 지옥'에 갇히게 된다는 점입니다.

4. **재개발·재건축 예정지** 20년 뒤의 청사진을 보고 투자하는 것은 30대에게나 어울리는 전략입니다. 50대에 투자해서 70대에 그 결실을 볼 수 있을까요? 그 긴 시간 동안 내 돈은 꽁꽁 묶여 있고, 추가 분담금이라는 폭탄까지 맞을 수 있습니다.

5. **특수 부동산(지식산업센터, 펜션 등)** 내가 잘 모르는 분야, 직접 관리하기 어려운 부동산은 피하는 것이 상책입니다. 관리에 시간과 에너지가 많이 들고, 특정 경기에 따라 수익률 변동이 심해 안정적인 노후 자금 운용에는 적합하지 않습니다.

그렇다면 우리는 어떤 부동산에 투자해야 할까요? 정답은 이미 우리 손에 들려있는 나침반, '현금 흐름'이 가리키고 있습니다. 은퇴자에게 '좋은 부동산'이란, 다음 4가지 질문에 "그렇다"고 자신 있게 답할 수 있는 부동산입니다.

실패 없는 노후 투자를 위한 4가지 질문

첫째, 밤에 두 발 뻗고 잘 수 있는가? (안정성) 무엇보다 임대 수요가 꾸준하고 공실 위험이 적어야 합니다. 경기를 타지 않는 주거용 부동산이 여기에 해당합니다.

둘째, 매달 통장에 돈을 찍어주는가? (수익성) 여기서의 수익성이란 시세 차익이 아니라, 매달 내가 손에 쥘 수 있는 '현금 수익률'을 의미합니다.

셋째, 필요할 때 바로 돈으로 바꿀 수 있는가? (환금성) 만약의 경우, 내가 팔고 싶을 때 언제든 제값을 받고 팔 수 있어야 합니다.

넷째, 내 시간과 노력을 뺏지 않는가? (관리 용이성) 내가 직접 관리하는 데 시간과 노력이 최소한으로 들어야 합니다.

이 4가지 조건을 모두 만족시키는, 은퇴자에게 가장 이상적인 '효자 부동산'에는 어떤 것들이 있을까요?

- **(강력 추천) 수도권 역세권의 다가구/다세대 주택** 여러 가구에서 월세를 받을 수 있어 현금 흐름이 극대화되고, 공실 위험이 분산됩니다. 주택이기에 수요가 꾸준하고, 땅값 상승으로 인한 자산 가치 상승도 기대할 수 있습니다.
- **(추천) 소형 아파트/오피스텔** 대학가, 업무지구 등 1~2인 가구 수요가 풍부한 곳의 소형 주거 공간은 환금성이 높고 관리가 비교적 편리합니다.

이제 당신의 선택만이 남았습니다. 평생에 한 번 올까 말까 한 '대박'이라는 신기루를 좇아 불안한 도박을 계속하시겠습니까? 아니면 매달 통장에 찍히는 숫자가 주는 '마음의 평화'라는, 돈으로 살 수 없는 가장 큰 사치를 누리시겠습니까? 다음에서는 이 '효자 부동산' 중에서도 가장 으뜸이라 할 수 있는 '다가구주택'을 통해, 어떻게 평생 마르지 않는 월급 통장을 만들 수 있는지 그 구체적인 비법을 알아보겠습니다.

강남 아파트 1채 가진 '불안한 부자' vs 월세 받는 '행복한 건물주'

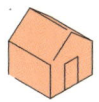

'현금 흐름'이 중요하다는 것은 이제 알겠습니다. 하지만 막상 수억 원의 목돈을 손에 쥐면, 우리는 어김없이 갈림길에 서게 됩니다. 평생의 꿈이었던 '더 좋은 동네, 더 넓은 아파트'로 갈아타는 것이 맞을까? 아니면 투박해 보여도 매달 돈이 나오는 건물이 맞을까?

이것은 단순히 두 개의 부동산을 비교하는 것이 아닙니다. '과거의 성공 공식(시세 차익)'과 '미래의 생존 공식(현금 흐름)' 사이에서의 운명적인 선택입니다. 이 선택의 결과를 극명하게 보여주는 실제 상담 사례 하나가 있어 소개해 드리겠습니다.

서대문구에 사는 50대 후반 부부의 고민

· **현재 상황** 은퇴를 1년 앞둔 부부는 서대문구의 12억 원짜리 아파트와 2억 원의 금융자산을 보유하고 있습니다. 월 소득은 500만 원이었지만, 은퇴 후에는 국민연금을 제외하면 소득이 끊길 예정이에요.
· **고민** 연로하신 시어머니를 모시기 위해 이사를 결정했지만, 어떤 집으로 가야 할지 의견이 갈렸습니다.

아내의 주장 "그래도 마지막인데, 강남 아파트로 갑시다"

아내의 꿈은 명확했습니다. 평생의 소원이었던 '강남'에 입성하는 것이었습니다. "우리가 가진 돈을 다 합치면 14억 원이니, 대출을 조금만 더 보태면 송파구에 40평대 아파트를 살 수 있어요. 아이들 보기에도 떳떳하고, 앞으로 집값도 더 오를 테니 이게 최고의 투자 아니겠어요?" 아내에게 아파트는 여전히 '자산 증식'과 '사회적 지위'의 상징이었습니다.

남편의 주장 "매달 월급 주는 다가구주택이 낫지 않을까요?"

반면 남편의 생각은 달랐습니다. 그는 당장의 소득이 끊기는 현실이 두려웠습니다. "우리가 송파로 이사 가면 당장 다음 달부터 생활비는 어떻게 하고, 대출 이자는 뭘로 갚을 거요? 나는 이제 월급이 안 나오는 사람이오." 남편은 인터넷을 통해 '수도권 역세권의 30억짜리 다가구주택'을 찾아냈습니다. 비록 가진 돈보다 훨씬 비쌌지만, 대출을 최대로 활용하면 매달 이자를 내고도 400만 원의 월세가 남는다는 계산이 나왔습니다. 남편에게 부동산은 이제 '생존을 위한 현금 흐름'을 만드는 도구였습니다.

당신이라면 어떤 선택을 하시겠습니까?

치열한 논쟁 끝에, 부부는 남편의 의견을 따르기로 결정했습니다. 아내는 처음에는 못마땅했지만, '월급이 끊긴다'는 남편의 현실적인 호소에 마음을 움직였습니다.

6개월 후, 저는 그 부부에게서 연락을 받았습니다. 아내의 목소리는 6개월 전과는 비교할 수 없을 만큼 밝고 편안했습니다.

"대표님, 정말 감사해요. 그때 만약 남편 말을 듣지 않고 송파 아파트로 이사 갔으면 어땠을까 생각만 해도 아찔해요. 지금은 매달 통장에 400만 원씩 꼬박꼬박 돈이 들어오니, 남편 눈치 볼 필요도 없고 생활비 걱정도 없어요. 남편이 퇴직했는데도 저희는 아무 걱정이 없네요. 친구들은 다들 강남 사는 사람들을 부러워하지만, 저는 지금 제 삶이 훨씬 더 자랑스럽고 행복합니다."

이 사례가 우리에게 주는 교훈은 명확합니다. 은퇴 후의 세상에서, '상급지 아파트'는 나에게서 돈을 빼앗아가는 자산입니다. 매달 높은 재산세와 관리비를 요구하고, 대출 이자까지 내야 합니다. 반면, '수도권 다가구주택'은 나에게 매달 돈을 가져다주는 자산입니다. 나의 노후를 든든하게 지켜주는 '제2의 월급 통장'이 되어줍니다.

이제 '어디 사느냐'는 중요하지 않습니다. '어떻게 먹고 사느냐'가 훨씬 더 중요합니다. 당신의 그 소중한 아파트 한 채, 평생 나를 위해 일해 줄 '효자 건물'로 바꿀 용기가 있으십니까?

평범한 직장인이 월세 받는
시스템을 만드는 4가지 실전 공식

앞서 우리는 '상급지 아파트'라는 허울 좋은 명예를 내려
놓고, '수도권 다가구주택'이라는 든든한 연금 통장을 선택
한 부부의 이야기를 만났습니다. 그들의 행복한 미소에서,
우리는 은퇴 후 부동산 투자의 명확한 방향을 찾았습니다.

하지만 많은 분들이 여기서 또 다른 질문에 부딪힙니다.
"알겠습니다. 그런데, 도대체 어떻게 해야 그런 '효자 건물'
을 찾을 수 있나요? 제가 부동산 전문가도 아닌데요."

맞습니다. '현금 흐름을 만드는 건물'을 사는 것은, 단순
히 아파트를 사는 것과는 완전히 다른 게임입니다. 지금부터
는 제가 수많은 실패와 성공을 거듭하며 현장에서 직접 터득

한, 평범한 당신이 '월세 받는 시스템'을 구축하는 가장 현실적인 4가지 실전 노하우를 아낌없이 공개하겠습니다.

노하우1: '장소'가 아닌 '사람'을 보라

좋은 건물을 찾는 첫 번째 비결은, 아이러니하게도 건물이 아닌 '사람'을 보는 것입니다. 정확히는 '어떤 사람들이, 왜 이곳에 모여드는가?'를 파악하는 것입니다. 월세는 결국 사람이 내는 것이기 때문입니다.

· **1순위 대학교 주변** 대학생이라는 꾸준하고 확실한 임대 수요가 존재합니다. 경기가 나빠져도 학업을 포기하는 학생은 거의 없기에, 가장 안정적인 시장입니다.
· **2순위 대규모 산업단지 주변** 젊은 직장인들이 모여드는 곳입니다. 소득이 안정적이고, 장기 거주할 가능성이 높아 집주인에게는 최고의 고객입니다.
· **3순위 지하철역, 특히 환승역세권** 교통이 편리한 곳은 언제나 1~2인 가구의 수요가 끊이지 않습니다.

이 세 곳의 공통점은 무엇일까요? 바로 '젊은 1~2인 가구'가 끊임없이 유입된다는 점입니다. 이들이야말로 우리의 월세를 책임져 줄 소중한 고객입니다. 건물의 화려함보다, 그곳에 살아야만 하는 사람들의 '수요'를 먼저 보는 눈을 길러야 합니다.

노하우2: 빚을 '친구'로 만들어라 (레버리지의 기술)

"빚은 무서운 것이다." 우리 부모님 세대는 그렇게 배웠고, 우리 역시 그렇게 믿고 살아왔습니다. 하지만 투자, 특히 부동산 투자의 세계에서 빚은 두려움의 대상이 아니라, 나의 자산을 폭발적으로 늘려주는 가장 강력한 '친구'가 될 수 있습니다. 이것을 '레버리지Leverage 효과'라고 합니다.

앞선 사례의 부부를 다시 떠올려 봅시다. 그들은 가진 돈 14억 원으로 14억짜리 건물을 찾지 않았습니다. 오히려 16억 원의 대출(레버리지)을 활용해 30억짜리 건물을 샀습니다. 그 결과, 매달 이자를 내고도 400만 원의 현금이 남는 시스템을 구축할 수 있었습니다.

만약 그들이 빚 없이 14억 원짜리 건물만 샀다면, 과연 지금과 같은 현금 흐름을 만들 수 있었을까요? 아마 절반에도 미치지 못했을 겁니다. 은퇴 후의 빚은, 내 주머니에서 돈을 빼앗아가는 '나쁜 빚'이 아니라, 매달 내 통장에 돈을 벌어다 주는 '착한 빚'이어야 합니다.

노하우3: '진짜 수익률'을 계산하라

부동산 중개업소에서는 흔히 "이 건물 수익률 8% 나옵니다!"와 같이 장밋빛 수치를 제시합니다. 하지만 여기에는 대출 이자, 세금, 수리비 등 각종 비용이 빠져 있는 '가짜 수익률'인 경우가 많습니다. 우리는 반드시 '진짜 수익률(순수익률)'을 직접 계산해봐야 합니다.

실전! 순수익률 계산 공식

① **연간 총 월세 수입:** (각 호실 월세의 합) × 12개월

② **연간 총비용:** (연간 대출 이자) + (재산세 등 각종 세금) + (수리비, 중개수수료 등 기타 비용)

③ **연간 순수익:** ① - ②

---

④ **진짜 수익률:** (③ 연간 순수익) ÷ (건물 매입가 - 총대출금) × 100

※ 이 공식에 대입했을 때, 적어도 은행 예금 금리의 2~3배 이상의 수익률이 나와야만 투자 가치가 있는 건물이라고 할 수 있습니다.

노하우4: 주인이 아닌, '사장'이 되어라

마지막 노하우는 기술이 아닌, 마음에 관한 것입니다. 건물을 사는 순간, 당신은 더 이상 '집주인'이 아니라, 여러 명의 고객(세입자)을 모시는 '임대사업자', 즉 '사장'이 되는 것입니다.

'갑질'하는 집주인이 아니라, 고객의 불편을 해결해주고 좋은 관계를 유지하는 사장이 되어야 합니다. 방에 문제가 생겼을 때 즉각 해결해주고, 작은 배려를 베푸는 것. 이런 사소함이 세입자를 감동시키고, 그들이 오랫동안 머물게 하는 최고의 영업 비밀입니다. 좋은 세입자는 곧 안정적인 수입과 직결된다는 사실을 잊지 마십시오.

이 4가지 노하우만 명심한다면, 부동산 문외한이라도 충분히 '실패하지 않는' 투자를 할 수 있습니다. 다음에서는 이 원칙들을 바탕으로, 실제 시장에서 어떤 종류의 부동산을 피하고, 어떤 부동산을 골라야 하는지 그 옥석을 가리는 법을 알아보겠습니다.

5장

잠자는 돈을
깨우는
금융 솔루션

국민연금, 믿을까 말까?
질문을 바꿔라,
어떻게 운용할 것인가?

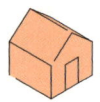

　지금까지 우리는 다운사이징과 부동산 투자를 통해 '없던 돈'을 만들어내는 공격적인 전략에 대해 이야기했습니다. 이제부터는 이미 우리가 가지고 있는 '잠자는 돈'을 깨워, 노후를 위한 제2의 월급 통장, 제3의 월급 통장으로 만드는 지혜로운 수비 전략을 펼칠 시간입니다. 그리고 그 첫 번째 주인공은, 바로 우리에게 가장 익숙하면서도 가장 논란이 많은 '국민연금'입니다.

　"국민연금, 그거 나중에 고갈돼서 못 받는 거 아니에요?"

　"평생 꼬박꼬박 냈는데, 겨우 그 돈 받자고…"

　아마 많은 분들이 이런 걱정과 불만을 한 번쯤은 품어보셨을 겁니다. 네, 맞습니다. 국민연금만으로는 우리가 꿈꾸는 풍요로운 노후를 보내기에는 턱없이 부족합니다. 하지만 바로 그 생각 때문에, 우리는 국민연금이 가진 진짜 가치를 놓치고 있습니다.

국민연금은 단순히 국가에서 주는 용돈이 아닙니다. 이것은 우리가 가입할 수 있는 가장 강력한 '종신형, 물가상승률 연동' 금융상품입니다. 내가 죽을 때까지 지급이 보장되고(종신형), 해마다 물가가 오르는 만큼 연금액도 같이 올려줍니다 (물가상승률 연동). 이런 조건의 사적 연금 상품이 있다면, 아마 보험사 문턱이 닳도록 사람들이 몰려들 겁니다.

'기금 고갈'에 대한 불안감도 이제는 잠시 내려놓으셔도 좋습니다. 설령 기금이 소진되더라도, 국가는 법에 따라 연금 지급을 보장해야 할 의무가 있습니다. 지급 방식에 변화는 있을지언정, '못 받게 되는' 일은 일어나지 않습니다.

이제 우리는 생각을 바꿔야 합니다. 국민연금은 '믿고 말고'의 대상이 아니라, 나의 상황에 맞춰 '적극적으로 운용해야 할' 핵심 자산입니다. 그리고 그 운용의 핵심은 바로 '언제부터 받을 것인가'를 결정하는 데 있습니다.

당신의 선택은? 조기수령 vs 연기수령

국민연금은 원래 정해진 수급 개시 연령이 있지만, 최대 5년 먼저 받거나(조기노령연금), 최대 5년 늦게 받을 수(연기연금) 있습니다. 이 선택에 따라 당신이 평생 받게 될 연금액이 극적으로 달라집니다.

조기수령 '가늘고 길게' 받기

· **방법** 수급 시기를 1년 앞당길 때마다 연금액이 6%씩 깎입니다. 최대 5년(60개월)을 앞당기면, 원래 받을 금액의 30%가 깎인 70%만 평생 받게 됩니다.

· **누구에게 유리할까?** 안타깝지만 건강이 좋지 않아 기대여명이 짧다고 판단될 때, 또는 당장의 생활비가 급해 다른 방법이 없을 때 고려해볼 수 있습니다. 하지만 건강한 일반인에게 조기수령은 장기적으로 큰 손해입니다.

연기수령 '굵고 짧게'가 아닌 '굵고 길게' 받기

· **방법** 수급 시기를 1년 늦출 때마다 연금액이 7.2%씩 '복리'로 늘어납니다. 최대 5년을 늦추면, 원래 받을 금액보다 36%가 증액된 136%를 평생 받게 됩니다.

· **누구에게 유리할까?** 앞에서 다룬 부동산 월세나 다른 소득원으로 연금 수급 전까지의 생활비를 감당할 수 있는 사람에게는 가장 강력한 재테크 전략입니다.

예를 들어, 월 150만 원의 연금을 받을 예정인 사람이 5년 연기를 신청하면, 65세부터는 매달 204만 원(150만 원 X 1.36)을 평생 받게 됩니다. 물가상승률까지 고려하면 그 금액은 훨씬 더 커집니다. 단 몇 년의 기다림이, 당신의 남은 평생을 훨씬 더 풍요롭게 만드는 것입니다.

이제 국민연금이 다르게 보이시나요? 이것은 더 이상 불확실한 미래가 아니라, 당신의 선택에 따라 수익률을 극대화할 수 있는 확실한 '나만의 연금 펀드'입니다. 국민연금이라는 든든한 1층 건물을 세웠다면, 이제 그 위에 퇴직연금IRP과 주택연금이라는 2층, 3층 건물을 어떻게 올릴 수 있는지 다음 부분에서 차근차근 알아보겠습니다.

퇴직금 IRP,
세금 30% 덜 내고 수익까지 내는
'정부 공인 치트키'

    국민연금이라는 든든한 1층 건물을 세웠다면, 이제 그 위에 2층을 올릴 시간입니다. 많은 분들이 퇴직할 때 손에 쥐게 되는 가장 큰 목돈, 바로 '퇴직금'입니다. 이 퇴직금은 수십 년간 고생한 나에게 주는 상장이자, 노후를 위한 가장 중요한 실탄입니다.

    하지만 대부분의 사람들이 이 소중한 실탄을 어떻게 활용해야 할지 몰라, 세금을 떼고 남은 돈을 그저 은행 예금 통장에 넣어두는 실수를 저지릅니다. 인플레이션이라는 도둑이 당신의 퇴직금을 매일 밤 훔쳐 가도록 내버려 두는 것과 같습니다.

이제 그 실수를 반복해서는 안 됩니다. 국가가 우리에게 마련해준 '합법적 절세 저수지'이자 '수익 창출 발전소'가 있기 때문입니다. 바로 개인형 퇴직연금, IRP Individual Retirement Pension 계좌입니다. IRP는 단순히 퇴직금을 받아두는 통장이 아닙니다. 이것은 '세금을 아끼고(절세)', '수익을 불리는(투자)' 두 가지 강력한 엔진을 동시에 장착한, 당신의 노후를 위한 '개인 금고'입니다.

이 개인 금고를 200% 활용하는 비법, 즉 두 가지 엔진을 어떻게 최대치로 가동시킬 수 있는지 알아보겠습니다.

엔진1: 세금을 아끼는 '절세'의 마법

IRP의 첫 번째이자 가장 강력한 힘은 바로 '세금'을 아껴주는 것입니다.

- **퇴직소득세 30% 절감** 퇴직금을 일반 계좌로 받으면 당장 6~15%에 달하는 퇴직소득세를 내야 합니다. 3억 원의 퇴직금을 받았다면 수천만 원의 세금을 떼고 시작하는 셈입니다. 하지만 퇴직금을 IRP 계좌로 받으면, 당장 세금

을 내지 않고 연금으로 받을 때까지 미뤄줍니다(과세이연).
그리고 나중에 연금으로 수령하면, 원래 내야 할 퇴직소
득세의 30%를 감면해줍니다. 1,000만 원의 세금을 700만
원만 내게 해주는 것입니다.

- **연말정산 세액공제** IRP 계좌에 개인적으로 추가 납입을 하
면, 연간 최대 900만 원까지 13.2%~16.5%의 세액공제
혜택을 줍니다. 매년 최대 148만 5,000원의 세금을 돌려
받는, '연 16.5%짜리 예금'과도 같은 효과입니다. 정부가
당신의 노후 준비를 위해 직접 보너스를 주는 셈입니다.

엔진2: 수익을 불리는 '투자'의 기술

IRP의 두 번째 엔진은 '투자'입니다. IRP 계좌에 들어온
돈은 그저 잠자는 것이 아니라, 다양한 금융상품에 투자되어
스스로 몸집을 불려 나갑니다.

- **세금 없이 재투자** 일반 계좌에서 투자를 하면 수익이 날 때
마다 15.4%의 이자소득세를 내야 합니다. 하지만 IRP 계
좌 안에서 발생한 모든 운용 수익은 세금을 떼지 않고 그

대로 재투자됩니다. 덕분에 복리의 마법 효과가 극대화되어, 장기적으로 훨씬 더 큰 수익을 기대할 수 있습니다.

- **나만의 포트폴리오 구성** IRP 계좌 안에서 예금과 같은 안전자산부터 주식형 펀드, ETF 등 다양한 상품으로 나만의 포트폴리오를 구성할 수 있습니다. "나는 안정적인 게 좋아"라고 생각하는 분이라도, 물가상승률을 이기기 위해서는 최소한의 투자는 반드시 필요합니다. 안전자산(예금, 채권형 펀드)에 70%, 성장자산(S&P 500, 나스닥 100 등 우량 지수 ETF)에 30%를 투자하는 것만으로도, 당신의 퇴직금은 인플레이션을 이기고 꾸준히 성장해나갈 것입니다.

IRP 200% 활용을 위한 실천 로드맵

1. 퇴직금을 받을 때, 절대 일반 계좌로 받지 말고 "IRP 계좌로 넣어주세요"라고 말하십시오. 이것이 모든 것의 시작입니다.
2. 가까운 은행이나 증권사에 방문해 IRP 계좌를 개설하십시오.
3. 매년 연말정산 혜택을 위해, 여윳돈이 생길 때마다 꾸준히 추가 납입을 하십시오.
4. 계좌에 들어온 돈을 그냥 두지 말고, '안정형 70% vs 성장형 30%' 원칙에 따라 투자 포트폴리오를 구성하고 1년에 한 번씩 점검하십시오.

IRP는 복잡한 금융상품이 아닙니다. 국가가 공인한, 세금을 아끼면서 돈을 불릴 수 있는 최고의 '노후 준비 도구'입니다. 이 강력한 도구를 내 창고에 그냥 쌓아두시겠습니까? 아니면 지금 당장 꺼내어 당신의 노후라는 튼튼한 집을 짓는 데 사용하시겠습니까? 이제 1층(국민연금)과 2층(퇴직연금)을 지었으니, 마지막 3층, '주택연금'을 올리러 가보겠습니다.

주택연금, 과연 최선의 선택일까?
(ft. 슈퍼 국민연금 만드는 법)

이제 우리의 노후 소득 3층 건물이 거의 완성되었습니다. 1층에는 든든한 기초가 되어줄 '국민연금'을, 2층에는 튼튼한 기둥 역할을 할 '퇴직연금IRP'을 세웠습니다. 이제 마지막으로 비바람을 막아줄 지붕, 3층을 올릴 차례입니다.

이 3층의 역할을 해줄 금융 솔루션은, 특히 '집 한 채가 전 재산'인 많은 분들에게 '최후의 보루'이자 '가장 현실적인 희망'이 될 수 있습니다. 바로 주택연금입니다.

주택연금의 원리는 간단합니다. 내가 가진 집을 담보로, 평생 내 집에 살면서 매달 국가가 보증하는 연금을 받는 제도입니다. 내가 가진 자산 중 가장 큰 비중을 차지하는 '잠자는 아파트'를, 매달 나에게 월급을 주는 '일하는 자산'으로 바꾸는 마법과도 같습니다.

하지만 이 마법에는 반드시 명심해야 할 조건과 책임이 따릅니다. 주택연금은 모든 사람에게 정답이 되는 '만능열쇠'가 아닙니다. 어떤 사람에게는 최고의 노후 대비책이 되지만, 어떤 사람에게는 후회스러운 선택이 될 수도 있는 것입니다.

그렇다면 주택연금, 과연 당신에게 최선의 선택일까요? 장점과 단점을 꼼꼼히 따져보고, 현명한 가입 전략을 세워보겠습니다.

장점 (빛)	단점 (그림자)
1. 평생 거주 + 평생 지급: 내 집에 평생 살면서, 부부 모두가 사망할 때까지 연금이 나옵니다	**1. 집값 상승 혜택 불가:** 가입 이후 집값이 아무리 올라도, 연금액은 가입 시점 기준으로 고정됩니다
2. 국가 보증의 안정성: 집값이 폭락해도 연금액은 줄지 않고, 국가가 지급을 보증합니다	**2. 자녀와의 갈등:** 집을 상속받을 것으로 기대했던 자녀들과의 갈등이 생길 수 있습니다
3. 상속 가능한 차액: 나중에 집을 처분했을 때, 받은 연금 총액보다 집값이 더 크면 그 차액은 자녀에게 상속됩니다	**3. 생각보다 적은 연금액:** 기대했던 것보다 월 지급액이 적다고 느낄 수 있습니다(특히 젊은 나이에 가입 시)
4. 세금 혜택: 재산세 감면 등 다양한 세제 혜택이 있습니다	**4. 되돌릴 수 없는 선택:** 한번 가입하면 해지가 매우 어렵고, 해지 시 그동안 받은 금액과 이자를 모두 갚아야 합니다

현명한 가입 전략:
주택연금은 '최후의 수단'이자 '최고의 무기'

이 빛과 그림자를 고려했을 때, 우리는 주택연금을 어떻게 활용해야 할까요? 핵심은 주택연금을 '첫 번째 선택지'가 아닌, '마지막 카드'로 생각하는 것입니다.

'최후의 보루' 전략

앞에서 다룬 부동산 투자나 다른 소득원이 없는, 정말로 소득이 국민연금과 집 한 채가 전부인 분들에게 주택연금은 최고의 선택지가 될 수 있습니다. 다른 대안이 없다면, 주택연금은 굶주림을 막아주고 최소한의 품위를 지켜줄 가장 든든한 안전망입니다.

'최고의 무기' 전략 (국민연금 연기 작전)

하지만 다른 소득원이 있다면, 주택연금은 더욱 강력한 전략적 무기가 됩니다. 바로 '국민연금 연기수령'을 위한 시간을 벌어주는 것입니다.

앞서 우리는 국민연금을 5년 늦게 받으면 연금액이 36%나 늘어난다는 사실을 확인했습니다. 하지만 많은 분들이

"그럼 그 5년 동안은 뭘 먹고살아?"라는 현실적인 문제에 부딪힙니다. 바로 이때 주택연금이 등장합니다.

- **1단계** 국민연금 수급 개시 연령(예를 들어, 63세)에 국민연금을 신청하는 대신, '연기연금'을 신청합니다.
- **2단계** 동시에 주택연금을 신청하여, 국민연금을 받지 않는 5년 동안의 생활비로 사용합니다.
- **3단계** 5년 후(예를 들어, 68세), 36%가 증액된 '슈퍼 국민연금'을 평생 받기 시작합니다. 이때부터는 주택연금과 슈퍼 국민연금, 두 개의 연금을 모두 받게 되어 노후 생활이 훨씬 더 풍요로워집니다.

이처럼 주택연금은 단순히 돈이 없을 때 쓰는 마지막 카드가 아닙니다. 다른 금융 솔루션과 어떻게 조합하느냐에 따라, 당신의 노후 전체를 바꾸는 '신의 한 수'가 될 수 있다는 것을 기억해야 합니다.

국민연금, 퇴직연금, 주택연금. 이제 우리는 노후 소득 3층 건물의 설계도를 모두 손에 쥐었습니다. 이 튼튼한 건물을 바탕으로, 이제는 불필요하게 돈이 새어 나가는 구멍을 막는 '지출 관리'의 세계로 넘어가 보겠습니다.

실패 없는 노후 포트폴리오, '4개의 통장' 시스템 구축하기

지금까지 우리는 국민연금, 퇴직연금IRP, 주택연금이라는 든든한 재료들을 하나씩 살펴보았습니다. 이제 이 훌륭한 재료들을 가지고, 당신의 남은 50년을 책임질 '세상에서 가장 맛있는 비빔밥', 즉 당신만을 위한 맞춤 금융 포트폴리오를 만들어볼 시간입니다.

'포트폴리오'라는 말에 지레 겁먹지 마십시오. 투자의 대가들만 쓰는 어려운 말이 아닙니다. 서로 다른 성격의 재료(자산)들을 잘 섞어, 한쪽에 치우치지 않는 안정적인 맛(수익)을 내는 것이 포트폴리오의 전부입니다.

은퇴 후 포트폴리오의 핵심은 단 하나, '절대 망하지 않는 시스템'을 만드는 것입니다. 이를 위해 저는 수많은 시행착오 끝에 가장 효과적이었던 '4개의 통장 시스템'을 제안합니다. 당신의 모든 자산을 목적에 따라 4개의 바구니에 나누어 담는다고 생각하면 쉽습니다.

실패 없는 노후를 위한 '4개의 통장' 시스템

1번 통장 평생 월급 통장(고정 수입)

이것은 우리 노후의 '쌀밥'과 같은, 가장 핵심적인 통장입니다. 어떤 일이 있어도 매달 꼬박꼬박 들어오는 고정 수입을 이곳에 모으는 것입니다. 이 통장이 든든할수록, 우리의 노후는 결코 흔들리지 않습니다.

- **재료** 국민연금, 주택연금, 부동산 월세, 즉시연금 등
- **목표** 이 통장에서 나오는 돈만으로 부부의 '최소 생활비(주거비, 공과금, 식비 등)'를 모두 해결하는 것입니다.
- **의미** 이 통장 하나만으로도 우리는 '굶어 죽을 걱정'에서 완벽하게 해방됩니다.

2번 통장 비상금 통장(예비 자금)

살다 보면 갑자기 목돈이 필요한 일이 생기기 마련입니다. 갑작스러운 병원비, 자녀의 급한 용무 등 이때를 대비한 '비상금' 통장입니다.

- **재료** 현금, 수시입출금 통장(CMA, 파킹통장 등)
- **목표** 최소 생활비 기준, 3~6개월 치의 현금을 언제든 바로 꺼내 쓸 수 있도록 보관하는 것입니다(월 최소 생활비가 300만 원이라면, 900~1,800만 원).
- **의미** 이 통장이 있으면, 우리는 급한 돈 때문에 힘들게 불리고 있는 투자 상품을 헐값에 팔아치우는 최악의 실수를 막을 수 있습니다.

3번 통장 투자 통장(자산 증식)

1번 통장과 2번 통장으로 생존의 기반을 다졌다면, 이제는 인플레이션을 이기고 자산을 불려 나갈 '투자' 통장을 만들 차례입니다.

- **재료** 퇴직연금IRP, 주식, 펀드, ETF 등
- **운용 전략** 앞서 배운 대로, '안정형 70% vs 성장형 30%' 원

칙을 기본으로 합니다. 70%는 채권이나 원금보장형 상품에 넣어두고, 30%는 S&P 500, 나스닥 100과 같은 우량 지수 ETF에 장기적으로 투자해 물가상승률 이상의 수익을 추구합니다.

· **의미** 이 통장은 우리의 노후 생활수준을 한 단계 높여주고, 자산이 줄어들지 않도록 지켜주는 방패 역할을 합니다.

4번 통장 즐거움 통장(보상과 행복)

마지막으로, 우리가 이 모든 노력을 하는 이유가 되어줄 '즐거움' 통장입니다. 인생 2막은 그저 버티는 시간이 아니라, 누리는 시간이어야 합니다.

· **재료** 3번 투자 통장에서 발생한 수익의 일부, 기타 비정기적인 소득 등

· **사용처** 해외여행, 취미 활동, 손주들 용돈, 주변 사람들에게 베푸는 돈 등 오롯이 나의 행복과 보람을 위해 사용합니다.

· **의미** 이 통장은 우리가 지치지 않고 즐겁게 노후 계획을 실천하게 만드는 '활력소'이자, 인생을 풍요롭게 만드는 '비타민'입니다.

이 4개의 통장 시스템은 당신의 노후 자산에 명확한 질서를 부여하고, 돈 문제에 대한 막연한 불안감을 '통제 가능한 시스템'으로 바꾸어줄 것입니다. 이제 이 튼튼한 수입 구조를 바탕으로, 불필요하게 돈이 새어 나가는 구멍을 막는 '지출 관리'의 세계로 함께 넘어가 보겠습니다.

6장

지출 통제라는
이름의 예술

은퇴 후 생활비,
정말 그렇게 많이 필요할까?

지금까지 우리는 다운사이징, 부동산, 금융 솔루션을 통해 우리 노후의 '수입' 파이프라인을 튼튼하게 구축하는 방법을 배웠습니다. 이제 우리에게는 매달 일정한 현금이 흘러들어올 '시스템'이 생겼습니다.

하지만 아무리 튼튼한 파이프라인을 만들어도, 파이프 곳곳에서 물이 새어 나간다면 밑 빠진 독에 물 붓기와 다를 바없을 것입니다. 이제 우리는 그 새는 구멍, 바로 '지출'의 문제를 들여다볼 시간입니다.

많은 분들이 은퇴 후 생활비를 계산할 때, 현재의 씀씀이를 기준으로 생각하는 오류를 범합니다. "지금 한 달에 400

만 원 쓰니까, 은퇴 후에도 그 정도는 있어야 하지 않을까?"
라고 막연하게 짐작하는 것이죠.

하지만 이것은 인생의 전반전과 후반전의 규칙이 완전히
다르다는 것을 간과한 착각입니다. 은퇴는 단순히 월급이 끊
기는 사건이 아닙니다. 우리의 '삶의 구조'와 '돈의 쓰임새'가
뿌리부터 바뀌는 혁명입니다. 따라서 은퇴 후의 생활비 역
시, 과거의 기준이 아닌 '제로 베이스'에서 완전히 새롭게 정
의해야 합니다.

사라지는 비용들: 당신이 잊고 있던 월급의 대가

먼저, 우리가 직장생활을 했기 때문에 어쩔 수 없이 지출
했던 '비용'들이 은퇴와 동시에 마법처럼 사라진다는 사실을
기억해야 합니다.

· **출퇴근 비용** 매일 아침저녁으로 들어가던 교통비, 주유비가
사라집니다.
· **의류비/품위유지비** 직장 동료와 고객을 의식해 사야 했던 정
장, 넥타이, 구두, 가방이 더는 필요 없습니다.

- **경조사비/사회생활비** 원치 않는 회식, 업무상 관계를 위한 선물과 경조사비가 극적으로 줄어듭니다.
- **스트레스 해소 비용** 퇴근 후 "에라, 모르겠다"며 마시던 술값, 피로를 잊기 위해 시켜 먹던 야식, 스트레스를 풀기 위해 했던 충동구매 등이 사라집니다.

이 비용들만 합쳐도, 사람에 따라 월 50만 원에서 100만 원, 혹은 그 이상일 수 있습니다. 이것은 우리가 월급을 받기 위해 지불했던 '보이지 않는 비용'이었습니다. 이제 그 비용을 아껴 오롯이 나를 위해 쓸 수 있게 된 것입니다.

새롭게 정의하는 '좋은 지출'

그렇다면 이제 우리의 돈은 어디에 쓰여야 할까요? 은퇴 후 '적정 생활비'란, 단순히 아끼고 졸라매는 것이 아닙니다. 돈의 쓰임새를 '나의 진짜 행복'에 맞게 재편성하는 과정입니다.

- **과시를 위한 지출 → 건강을 위한 지출** 비싼 옷과 자동차 대신,

좋은 음식을 먹고 꾸준히 운동하는 데 돈을 씁니다.

- **의무적인 관계를 위한 지출 → 소중한 관계를 위한 지출** 보기 싫은 상사와의 저녁 식사 대신, 사랑하는 아내, 손주들과의 외식에 돈을 씁니다.
- **스트레스 해소를 위한 지출 → 성장을 위한 지출** 충동구매 대신, 오랫동안 배우고 싶었던 악기나 외국어, 취미 활동에 돈을 씁니다.

앞에서 우리가 계산했던 '월 희망 생활비'를 다시 한 번 꺼내 보십시오. 그리고 이 새로운 기준에 따라 다시 한 번 살펴보시기 바랍니다. 불필요한 '거품'은 없었나요? 나의 행복과 상관없는 '낭비'는 없었나요?

'적정 생활비'를 다시 정의하는 것은, 단순히 가계부를 쓰는 기술이 아닙니다. 내가 무엇을 할 때 진정으로 행복한지, 나의 남은 인생을 무엇으로 채워나갈 것인지를 결정하는 철학적인 질문입니다. 이 질문에 대한 답을 찾는 순간, 당신은 더 이상 돈에 끌려 다니지 않고, 돈을 지배하며 행복을 만들어나가는 삶의 주인이 될 것입니다.

월 80만 원 버는 효과,
3대 고정지출 다이어트

앞서 우리는 '좋은 지출'의 기준을 다시 세우며, 돈의 쓰임새에 대한 철학을 정립했습니다. 이제 그 철학을 바탕으로, 우리도 모르는 사이 매달 통장에서 뭉칫돈으로 빠져나가던 '고정지출'에 대한 과감한 다이어트를 시작할 시간입니다.

다이어트라고 해서 무조건 굶는 고통스러운 과정을 상상할 필요 없습니다. 오히려 불필요한 지방을 덜어내 몸이 가벼워지듯, 우리 집 가계부의 군살을 빼고 재정 건강을 되찾는 즐거운 과정이 될 것입니다. 수많은 고정지출 항목 중, 지금 당장 시작할 수 있고 효과도 가장 큰 '3대 고정지출' 다이어트 비법을 공개합니다.

통신비 다이어트 '알뜰폰'으로 갈아타는 용기

"혹시 매달 내는 휴대폰 요금이 얼마인지 정확히 알고 계신가요?" 많은 분들이 자동이체로 내다 보니, 자신이 매달 얼마의 통신비를 내는지, 어떤 요금제를 쓰는지조차 모르는 경우가 태반입니다. 그리고 대부분이 필요 이상의 데이터와 서비스를 포함한 비싼 요금제를 쓰고 있습니다.

해결책은 놀랍도록 간단합니다. 바로 '알뜰폰MVNO'으로 갈아타는 것입니다. "알뜰폰은 통화 품질이 안 좋다던데?", "어르신들이나 쓰는 거 아니야?" 천만의 말씀입니다. 알뜰폰은 SKT, KT, LGU＋의 통신망을 그대로 빌려 쓰기 때문에 통화와 데이터 품질은 완전히 동일합니다. 다른 것은 오직 '가격'뿐입니다.

· **실행 방법** 지금 당장 '알뜰폰 허브' 사이트에 접속해, 나의 데이터 사용량에 맞는 요금제를 검색해 보십시오.
· **기대 효과** 월 7~8만 원을 내던 부부가 알뜰폰으로 바꾸면, 1인당 2~3만 원대 요금제로도 충분합니다. 부부 합산 월 10만 원 이상의 통신비를 아낄 수 있습니다. 1년이면 120

만 원입니다. 이 돈이면 아내와 함께 멋진 국내 여행을 다녀오고도 남습니다.

보험료 다이어트 '보험 리모델링'으로 잠자는 돈을 깨워라

보험은 분명 위기의 순간에 우리를 지켜줄 중요한 안전장치입니다. 하지만 혹시, 지인의 부탁 때문에, 혹은 불안한 마음에 이것저것 가입해둔 보험 증권을 장롱 속에 그냥 쌓아두고 있지는 않으신가요? 은퇴 후에는 보험도 과감한 구조조정이 필요합니다. 이것이 바로 '보험 리모델링'입니다.

- **원칙** '보장성 보험'은 최소한으로 남기고, '저축성 보험'은 과감히 정리하는 것입니다.
  반드시 지켜야 할 보험: 실손의료비보험, 암/뇌/심장 3대 질병 진단비 보험
  과감히 정리할 보험: 목적이 불분명한 종신보험, 연금으로 받기에는 수익률이 너무 낮은 저축성 보험 등
- **실행 방법** 객관적인 진단을 위해, 가입을 권유했던 설계사가 아닌 독립적인 보험 분석 전문가나 '보험다모아' 같은 서비스를 통해 상담을 받아보십시오. 중복된 보장은 없는지, 불필요한 특약은 없는지 꼼꼼히 점검해야 합니다.

- **기대 효과** 보험 리모델링만으로도 가구당 월 20~30만 원 이상의 현금을 확보하는 경우가 많습니다.

자동차 유지비 다이어트 '소유'가 아닌 '공유'로의 전환

은퇴 후에도 여전히 자동차 1~2대를 그대로 유지하고 계신가요? 자동차는 더 이상 당신의 사회적 지위를 보여주는 수단이 아닙니다. 오히려 매달 수십만 원을 잡아먹는 '돈 먹는 하마'에 가깝습니다. 보험료, 세금, 유류비, 수리비, 주차비… 이 모든 것을 합치면 한 달에 50~70만 원이 우습게 나갑니다.

은퇴 후에는 과감히 차를 없애거나, 2대 중 1대는 처분하는 용기가 필요합니다. 대신 필요할 때마다 대중교통, 택시, 카셰어링(쏘카, 그린카 등) 서비스를 이용하는 것입니다.

- **발상의 전환** "한 달에 차 유지비로 50만 원이 나갔다면, 그 돈으로 택시를 타보세요. 매일 1만 원씩 택시를 타도 한 달에 30만 원입니다. 오히려 돈이 남습니다."
- **기대 효과** 차를 없애는 것만으로도 월 50만 원 이상의 고정 지출이 사라집니다. 이 돈은 새로운 연금 하나를 더 드는 것과 같은 효과를 냅니다.

통신비 10만 원, 보험료 20만 원, 자동차 유지비 50만 원. 이 3가지 다이어트에만 성공해도, 당신의 가정은 매달 80만 원이라는 새로운 소득이 생기는 것과 같습니다. 지출 통제는 단순히 아끼는 정도를 넘어 이처럼 새로운 '수입'을 창출하는 가장 확실하고 빠른 방법입니다.

자녀에게쓰는돈,
'독'이아니라'약'이되게하라

통신비, 보험료, 자동차 유지비. 앞서 우리는 꽤 굵직한 고정지출 군살을 덜어냈습니다. 아마 마음 한편이 후련하실 겁니다. 하지만 이제, 우리 가계부 다이어트의 '끝판왕'이 남았습니다. 바로 가장 빼기 힘들고, 가장 마음 아프고, 그래서 가장 많은 가정을 무너뜨리는 지출 항목, '자녀에게 쓰는 돈' 입니다.

이것은 단순히 돈의 문제가 아닙니다. "내가 굶어도 내 자식 입에는 밥이 들어가야 한다"는, 세상에서 가장 숭고한 '부모의 마음'에 관한 문제입니다. 그렇기에 우리는 이 지출 앞에서 한없이 작아지고, 이성적인 판단을 내리기가 너무나도 어렵습니다.

하지만 바로 그 숭고한 마음이, 오늘날에는 자녀와 부모 모두를 불행하게 만드는 '독'이 될 수 있다는 불편한 진실을, 우리는 마주해야 합니다.

'독'이 되는 지원: 끝없는 밑 빠진 독

· **사례** 제 고객 중 한 분은 아들의 전세금을 마련해주기 위해 본인이 살던 집을 담보로 2억 원을 대출받았습니다. 그는 "아들 내외가 자리 잡으면 이 정도 빚은 금방 갚을 수 있겠지"라고 생각했습니다. 하지만 아들의 사업은 어려워졌고, 아버지는 은퇴 후에도 대출 원리금을 갚기 위해 경비 일을 시작해야 했습니다.

· **결과** 아들은 죄책감에 부모를 멀리하게 되었고, 아버지는 아들을 원망하게 되었습니다. '사랑'이라는 이름으로 시작된 지원이, 결국 아버지의 노후와 아들의 자립, 그리고 가족 관계까지 모두 망가뜨린 '비극'으로 끝난 것입니다.

이것이 바로 '독'이 되는 지원입니다. 부모의 노후를 담보로 한 자녀 지원은, 결국 자녀에게 '성공해야 한다'는 심리적 압박감과 '실패하면 부모님을 볼 수 없다'는 죄책감만 안겨 줄 뿐입니다. 이것은 밑 빠진 독에 물을 붓는 것과 같습니다. 독은 채워지지 않고, 물을 붓는 부모의 등만 휠 뿐입니다.

'약'이 되는 지원: 마르지 않는 샘물

그렇다면 '약'이 되는 지원은 무엇일까요? 바로 '물고기를 잡아주는 것'이 아니라, '마르지 않는 어장을 만들어주는 것' 입니다. 부모의 노후 자산을 훼손하지 않는 범위 내에서, '현금 흐름'의 일부를 나누는 지혜가 필요합니다. 위 사례의 아버지가 만약 다른 선택을 했다면 어땠을까요?

· **대안** 2억 원을 아들에게 그냥 주는 대신, 그 돈으로 월 100 만 원의 월세가 나오는 작은 오피스텔을 삽니다. 그리고 그 월세 100만 원으로 아들의 전세자금 대출 이자를 매달 지원해줍니다.

결과가 어떻게 달라졌을까요? 아들은 매달 부모님의 사

랑을 느끼며 감사해했을 것이고, 부모는 노후 자산을 지키면서 자녀를 도울 수 있었을 겁니다. 한 번에 받은 일시불 2억 원은 고마움이 금방 잊히는 '사건'이지만, 매달 들어오는 월세 지원은 사랑이 계속해서 확인되는 '과정'이 됩니다. 이것이 바로 '독'을 '약'으로 바꾸는 지혜입니다.

자녀 지원, 현명한 3원칙

이제부터 자녀에게 돈을 쓸 때는, 반드시 이 3가지 원칙을 기억하십시오.

원칙 1 당신의 노후가 먼저다

자녀 지원은 나의 노후 준비가 완벽하게 끝난 후에, '남는 돈'으로 하는 것입니다. 자녀에게 줄 수 있는 최고의 선물은 '재산'이 아니라, '돈 걱정 없이 행복하게 사는 부모'의 모습입니다

원칙 2 명확한 '선'을 그어라

"결혼자금은 1억 원까지, 그 이상은 절대 안 된다"와 같이

지원의 한도를 명확히 정하고, 자녀에게 솔직하게 이야기해야 합니다. 거절하는 용기가 두 세대를 모두 살립니다.

원칙 3 '뭉칫돈' 대신 '시스템'으로 지원하라

목돈을 한 번에 주지 말고, 내가 만든 현금 흐름 시스템의 일부를 '월급'처럼 꾸준히 지원하는 방식을 택하십시오. 이 것이 자녀의 경제적 자립을 도우면서, 부모의 사랑도 오랫동안 전달하는 가장 현명한 방법입니다.

자녀에 대한 지출을 통제하는 것은 결코 이기적인 행동이 아닙니다. 자녀가 스스로 일어설 힘을 길러주고, 나 자신을 지켜 결국 자녀에게 짐이 되지 않겠다는 약속. 이것이야말로 이 시대, 부모가 자식에게 줄 수 있는 가장 책임감 있고 위대한 사랑입니다.

퇴직금을 통째로 삼키는 가장 위험한 지출, '준비 없는 창업'

지금까지 우리는 통신비부터 자녀 지원까지, 우리 통장에서 돈이 새어 나가는 크고 작은 구멍들을 막는 법을 배웠습니다. 하지만 이제, 그 모든 지출을 합친 것보다 더 크고, 한번 터지면 모든 것을 집어삼키는 가장 위험한 지출, 바로 '준비 없는 창업'이라는 블랙홀에 대해 이야기해야 합니다.

수십 년간 조직 생활을 하다 퇴직한 분들은 종종 깊은 상실감에 빠집니다. 매일 출근할 곳도, 반겨주던 동료도, 내 이름이 새겨진 명함도 사라집니다. 바로 그 공허함을 견디지 못하고, "나도 이제 내 사업 하면서 사장님 소리 한번 들어보자"는 막연한 꿈을 꾸게 됩니다. 그리고 퇴직금이라는 마지막 실탄을 모두 쏟아부어 치킨집, 커피숍, 편의점 창업에 뛰어듭니다.

결과는 어떨까요? 안타깝게도, 통계는 처참합니다. 대한민국 자영업 창업 5년 내 폐업률은 80%에 육박합니다. 10명 중 8명이 5년을 버티지 못하고 문을 닫는다는 뜻입니다.

왜 이런 비극이 반복될까요? 대부분 '나만큼은 다르겠지'라는 근거 없는 자신감과 '이 정도면 되겠지'라는 안일한 준비 때문입니다.

환상 1 "내가 대기업 임원 출신인데, 가게 하나 운영 못 하겠어?"

회사에서 유능한 직원이었던 것과, 바닥부터 모든 것을 책임져야 하는 '사장'의 역할은 완전히 다른 영역입니다. 재고 관리, 직원 채용, 마케팅, 세무, 고객 응대까지, 사장은 회사의 모든 부서 역할을 혼자서 해내야 하는 멀티플레이어입니다.

환상 2 "이 프랜차이즈는 본사가 다 알아서 해준다던데?"

본사는 가맹점주의 성공이 아니라, 본사의 이익을 최우선으로 생각합니다. 화려한 인테리어와 높은 가맹비 뒤에, 가맹점주에게 불리한 계약 조건과 비싼 원자재 공급 비용이 숨어 있는 경우가 허다합니다.

환상 3 "퇴직금 3억 원이면 충분하겠지"

창업 비용의 경우 권리금, 보증금, 인테리어 비용이 전부가 아닙니다. 오픈 후 최소 6개월에서 1년은 수입이 없어도 버틸 수 있는 '운영자금'이 따로 필요합니다. 대부분 이 운영자금을 계산에 넣지 않고 '올인'했다가, 석 달을 버티지 못하고 빚더미에 앉게 됩니다.

퇴직금을 쏟아부은 '준비 없는 창업'은, 당신이 인생에서 할 수 있는 가장 비싼 지출입니다. 수십 년의 노력이 담긴 퇴직금을 날리는 것은 물론, 추가 대출로 인한 빚까지 떠안게 되어 재기 불능의 상태로 추락할 수 있습니다.

그렇다면 우리는 어떻게 해야 할까요? 창업이라는 꿈 자체를 포기해야 할까요? 아닙니다. 저는 오히려 '평생 현역'으로 살기 위해 자신만의 '일거리'를 만들어야 한다고 강력하게 주장하는 사람입니다.

핵심은 '순서'를 바꾸는 것입니다. 가게부터 차리고 보는 것이 아니라, '최소한의 자본'과 '실패해도 괜찮은 방식'으로 먼저 시작해보는 것입니다. 내 경험과 지식을 활용해 온라인에서 작은 강의를 열어보거나, 나의 노하우를 담은 전자책을 써보는 것처럼 말입니다.

이것이 바로 다음에서 우리가 함께 배우게 될 '1인 지식 기업'이라는 새로운 대안입니다. '준비 없는 창업'이라는 가장 위험한 지출을 피하고, 가장 안전하고 현명하게 '평생 월급'을 만드는 시스템. 이제 그 놀라운 세계로 함께 떠나볼 시간입니다.

3부 :

나는 이제
회사원이 아니다:

나답게 일하며
평생 현역으로
사는 법

돈 문제가 해결되었다고 해서, 당신의 인생 2막이 저절로 행복해지는 것은 아닙니다. 퇴직 후 우리를 찾아오는 더 큰 공포는 '나는 이제 누구인가'라는 정체성의 상실과 '세상에 쓸모없는 존재가 되었다'는 무력감입니다.

3부에서는 돈 문제를 넘어, 당신의 남은 인생을 가슴 뛰는 설렘으로 채울 새로운 대안을 제시합니다. 왜 퇴직금 창업이 99% 실패하는지, 그리고 돈 한 푼 없이 당신의 '경험'과 '지혜'를 자본으로 삼아 평생 마르지 않는 수입원을 만드는 '1인 지식기업'의 모든 것을 A부터 Z까지 알려드립니다.

회사가 당신에게 주었던 낡은 명함을 찢어버리고, '나다운 일'로 세상에 당신의 진짜 가치를 증명하는 법. 그 위대한 여정이 바로 여기서 시작됩니다.

7장

'일자리'가 아닌
'일거리'를 찾아라

왜 퇴직금으로 창업하면 99% 망하는가?

: 실패가 예정된 3가지 착각

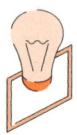

"사장님 소리 한번 들어보는 게 평생소원이었어."

"내 퇴직금이 얼만데, 이 돈이면 뭐든 못 하겠어?"

수십 년의 직장생활을 마감하고 퇴직금을 손에 쥔 50대들은, 마치 새로운 무기를 얻은 장군처럼 자신감에 가득 차 창업시장에 뛰어듭니다. 하지만 그들의 손에 들린 것은 승리를 보장하는 '절대 무기'가 아니라, 한번 쏘면 자신까지 파괴하는 '자폭 스위치'인 경우가 대부분입니다.

'99% 망한다'는 말은 결코 과장이 아닙니다. 제가 지난 10여 년간 수천 명의 은퇴자들을 상담하며 지켜본 결과, 퇴직금으로 안일하게 창업에 뛰어든 사람 중 성공한 사람은 손에 꼽을 정도였습니다. 이것은 운이 나빠서도, 경기가 안 좋아서도 아닙니다. 퇴직자의 창업은 애초에 실패할 수밖에 없는, 구조적인 결함을 안고 시작하는 게임이기 때문입니다.

그렇다면 왜, 성실하게 한평생을 살아온 우리 아버지들의 마지막 도전은 이토록 허무하게 실패로 끝나고 마는 것일까요? 여기에는 3가지 치명적인 '착각'이 존재합니다.

첫째, '관리자'와 '사장'을 착각합니다

회사에서 팀장, 부장, 임원으로 일하며 수십 명의 직원을 관리했던 경험은 분명 훌륭한 자산입니다. 하지만 그것이 곧 '사업 능력'을 의미하지는 않습니다. 회사의 시스템 안에서 주어진 역할을 수행하던 '관리자'와, 아무것도 없는 맨땅에서 시스템을 만들어내야 하는 '사장'은 완전히 다른 종족입니다.

회사의 울타리를 벗어나는 순간, 당신을 도와주던 기획팀, 회계팀, 마케팅팀은 사라집니다. 이제 당신은 혼자서 가게 입지를 분석하고, 인테리어 업자와 싸우고, 직원을 뽑아 교육하고, 세금을 계산하고, 전단지를 돌리며 손님에게 아쉬운 소리를 해야 합니다. 평생 해본 적 없는 이 '굳은 일' 앞에서, 대부분의 은퇴자들은 자신의 과거 경력이 얼마나 무력한 것인지를 깨닫고 좌절하게 됩니다.

둘째, '퇴직금'과 '사업자금'을 착각합니다

젊은 사업가들은 '남의 돈(투자금)'으로 사업을 시작합니다. 설령 실패하더라도, 그들은 재기할 기회와 시간이 있습니다. 하지만 퇴직자들은 어떤가요? 수십 년의 피와 땀이 담긴 '내 돈', 그것도 가족의 남은 50년 생계가 걸린 마지막 보루인 퇴직금으로 사업을 시작합니다.

이것은 투자가 아니라 '도박'입니다. 그것도 승률이 매우 낮은 도박에 전 재산을 '올인'하는 것과 같습니다. 퇴직금은 사업을 위한 '시드머니'가 아니라, 당신의 남은 인생을 지켜줄 '생명줄'입니다. 이 둘을 착각하는 순간, 당신은 생명줄을 잘라 도박판에 던지는 것과 같은 돌이킬 수 없는 실수를 저지르게 됩니다.

셋째, '성공'과 '생존'을 착각합니다

많은 분들이 '대박'을 꿈꾸며 창업합니다. 프랜차이즈 본사가 제시하는 화려한 성공 신화를 믿고, 나도 저렇게 될 수 있을 것이라 생각합니다. 하지만 창업의 세계에서, 첫 번째 목표는 '성공'이 아니라 '생존'입니다.

권리금, 보증금, 인테리어 비용을 쏟아부어 화려하게 가게를 열었지만, 정작 가게 문을 연 첫날부터 매달 나가는 월세와 인건비, 대출 이자를 감당하지 못해 6개월도 버티지 못하고 문을 닫는 경우가 허다합니다. '버티는 것'조차 힘겨운 것이 바로 창업의 현실입니다.

이 3가지 착각의 결과는 참혹합니다. 소중한 퇴직금을 모두 날리는 것은 물론, 빚더미에 올라앉아 신용불량자로 전락하고, 결국 가족 전체가 파탄에 이르는 비극으로 이어지기 쉽습니다.

하지만 이 이야기는 당신에게 창업을 포기하라고 말하는 것이 아닙니다. 오히려 '평생 현역'으로 살기 위해 우리는 반드시 자신만의 '일'을 가져야 합니다. 다만, '모든 것을 걸고 시작하는 위험한 창업'이 아니라, '잃을 것 없이 시작하는 안전한 창업'을 해야 한다는 것입니다. 이를 잘 구분하는 것은

중요한 일입니다. 그렇다면 그 새로운 대안이 무엇인지 본격
적으로 알아보겠습니다.

나이 들수록 유리해지는 유일한 일의 탄생
: 1인 지식기업이란?

앞서 우리는 퇴직금을 들고 창업에 뛰어드는 것이 왜 '자폭 스위치'를 누르는 것과 같은지를 확인했습니다. 아마 많은 분들이 이렇게 반문하실지도 모릅니다. "그래서 어쩌라는 말입니까? 창업도 하지 말라면, 퇴직하고 그냥 놀라는 말인가요?"

결코 아닙니다. 오히려 정반대입니다. 저는 당신이 '평생 현역'으로 살아가기를, 죽는 그날까지 세상과 소통하며 가슴 뛰는 삶을 살기를 바랍니다. 다만, 더 이상 '위험한 도박'이 아닌, '안전한 길'을 가야 한다는 것입니다. 그 길의 이름이 바로 '1인 지식기업'입니다.

이름이 조금 거창하게 들릴지 모르지만, 그 원리는 지극히 단순합니다. 당신의 지난 50년 인생, 그 경험과 지식, 성공과 실패의 노하우를 '상품'으로 만들어 다른 사람들에게 파는 것. 이것이 바로 1인 지식기업의 전부입니다. 조금 더 구체적으로 말해볼까요?

· 30년간 영업 현장을 누볐던 경험으로 중소기업에 '영업 컨설팅'을 해줄 수 있습니다.
· 평생 아이 셋을 키워낸 노하우로 젊은 엄마들에게 '육아 코칭'을 해줄 수 있습니다.
· 남들보다 정리를 잘하는 재주가 있다면, '정리수납 전문가'로 활동할 수 있습니다.
· 은퇴 후 귀농에 성공했다면, 그 과정을 담은 책을 쓰거나 유튜브 채널을 운영할 수 있습니다.

이처럼 1인 지식기업은 거창한 기술이나 자격증이 없어도 괜찮습니다. 당신이 수십 년간 살아내며 몸으로 체득한 모든 것이, 누군가에게는 돈을 주고서라도 배우고 싶은 귀한 '지식'이 될 수 있습니다.

왜 이것이 '나이 들수록 유리한' 일일까요?

세상의 모든 일은 나이가 들수록 불리해집니다. 체력은 떨어지고, 새로운 기술을 배우는 속도는 느려집니다. 하지만 오직 '지식'만큼은, 세월이 흐를수록 더 깊어지고 단단해집니다.

당신의 '경험'이 곧 '자본'입니다

1인 지식기업은 퇴직금이 필요 없습니다. 당신의 머릿속에, 당신의 지난 세월 속에 차곡차곡 쌓여 있는 경험이 바로 사업 밑천입니다. 20대 청년은 결코 흉내 낼 수 없는, 당신만이 가진 독보적인 자본입니다.

'신뢰'라는 가장 강력한 무기

"제가 살아보니까요…"라는 말 한마디의 무게는, 젊은이의 그것과 비교할 수 없습니다. 당신의 주름과 흰머리는, 수십 년의 세월을 견뎌낸 사람만이 가질 수 있는 '신뢰'의 상징입니다.

실패해도 잃을 것이 없습니다

가게 보증금도, 인테리어 비용도, 직원 월급도 필요 없습니다. 필요한 것은 컴퓨터 한 대와 당신의 열정뿐입니다. 설령 반응이 없더라도, 당신은 단돈 1원도 잃지 않습니다. 그저 다른 주제로, 다른 방식으로 다시 도전하면 그만입니다.

퇴직금 창업이 나의 '생명줄'을 걸고 절벽에서 뛰어내리는 것이라면, 1인 지식기업은 내 방에서 편안하게 '인생 2막'이라는 새로운 게임에 접속하는 것과 같습니다.

이제 당신은 더 이상 쓸모없어진 존재가 아닙니다. 오히려 당신의 인생 전체가, 다른 사람의 인생을 바꿀 수 있는 귀한 '자산'이 되는 새로운 시대가 열렸습니다. 다음에서는 이 놀라운 자산을 어떻게 돈으로 연결시킬 수 있는지, 그 구체적인 수익화 모델에 대해 알아보겠습니다.

운전기사에서 작가로,
평범한 50대가 평생 직업을 찾은 기적

"대표님, 저는 평생 운전대만 잡은 사람입니다. 내세울 학벌도, 기술도 없는데 저 같은 사람도 1인 지식기업을 할 수 있을까요?"

제가 상담 현장에서 가장 많이 듣는 질문 중 하나입니다. 많은 분들이 '지식'이라는 단어 앞에서 주눅이 듭니다. 의사, 변호사, 교수처럼 특별한 전문직만이 지식을 팔 수 있다고 생각합니다.

과연 그럴까요? 오늘 제가 들려드릴 한 남자의 이야기는, 그 모든 것이 편견이었음을 증명합니다. 이것은 퇴직을 앞둔 50대 후반의 평범한 택시 운전기사가, 대한민국에서 가장 경쟁이 치열하다는 출판 시장에 뛰어들어 자신의 이름으로 된 책을 낸, 기적과도 같은 실화입니다.

이 선생님의 이름은 최인기입니다. 그는 30년 가까이 서울 시내를 누비며 택시 운전으로 생계를 이어왔습니다. 정년이 없는 직업이라지만, 나이가 들수록 밤샘 운전은 힘에 부쳤고, 하루가 다르게 나빠지는 경기에 수입은 줄어만 갔습니다. 그의 유일한 낙은, 일이 끝나고 집에 돌아와 그날 만난 손님들과의 이야기, 서울 골목골목의 풍경들을 삐뚤빼뚤한 글씨로 일기장에 기록하는 것이었습니다.

어느 날, 그의 딸이 아버지의 일기장을 우연히 보게 됩니다. 그리고 말합니다. "아버지, 이 이야기들을 블로그에 한번 올려보시면 어때요? 아버지 글은 정말 재미있어요."

처음엔 손사래를 쳤습니다. "내가 뭘 안다고 컴퓨터로 글을 쓰냐. 다 늙어서 주책이야." 하지만 딸의 성화에 못 이겨, 그는 난생처음으로 컴퓨터를 배우고 자신의 블로그를 열었습니다. '30년 무사고 베테랑 택시 기사의 서울 유람기'라는 소박한 이름이었습니다.

그의 블로그에는 화려한 사진도, 전문적인 지식도 없었습니다. 하지만 그의 글에는 수십 년간 운전대를 잡은 사람만이 느낄 수 있는 삶의 페이소스가 있었습니다. 취객에게 먹살을 잡혔던 아찔한 순간, 어린 자녀의 병원비를 걱정하던 젊은 부부를 목적지까지 공짜로 태워다 주었던 이야기, 새벽 첫차를 타기 위해 뛰어가던 사람들의 뒷모습에서 느꼈던 동질감… 그의 진솔한 이야기는 사람들의 마음을 움직이기 시작했습니다.

블로그 방문자는 점점 늘어났고, 그의 글에는 수많은 댓글이 달리기 시작했습니다. "기사님 글을 읽으면 제 아버지 생각이 나요", "덕분에 팍팍한 세상에 위로를 얻고 갑니다" 등의 댓글입니다. 그러던 어느 날, 한 출판사 편집자로부터 연락이 왔습니다. 그의 글을 책으로 내고 싶다는 것이었습니다. 믿을 수 없는 일이 벌어진 것입니다. 평생 남이 쓴 책을 읽기만 했던 그가, 이제 자신의 이름으로 된 책을 쓰는 작가가 된 것입니다. 그의 책은 대단한 베스트셀러가 되지는 않았지만, 세상에 나온 그 자체로 그의 인생을 바꾸었습니다.

그는 더 이상 '택시 기사'가 아니었습니다. 사람들에게 위로와 영감을 주는 '작가'이자 '콘텐츠 크리에이터'가 되었습니다. 그는 이제 강연 요청을 받기도 하고, 라디오 방송에 출연하기도 합니다. 택시 운전은 여전히 그의 주된 일이지만, 이제는 수입의 한 부분일 뿐, 그의 정체성 전부가 아닙니다.

최인기 선생님의 사례는 우리에게 명확한 메시지를 던집

니다. 1인 지식기업의 가장 위대한 자본은 '학력'이나 '경력'이 아니라, 당신이 온몸으로 살아낸 '인생' 그 자체라는 것입니다.

당신이 평생 끓여온 김치찌개 레시피, 아이를 키우며 터득한 훈육법, 수십 년간 직장에서 상사와 싸우고 동료와 화해하며 배운 관계의 기술… 이 모든 것이 누군가에게는 돈으로 살 수 없는 귀한 지혜이자 콘텐츠입니다. 당신의 서랍 속에 잠자고 있는 그 소중한 이야기들을, 이제 세상 밖으로 꺼내놓을 용기를 내보시지 않겠습니까?

당신의 인생이 돈이 되는 순간
:나만의 '홀로서기 무기' 발굴법

택시 기사에서 작가로 변신한 최인기 선생님의 이야기는 우리에게 깊은 울림을 줍니다. 그의 이야기는 증명합니다. 평범한 우리 인생 속에, 그 누구도 흉내 낼 수 없는 귀한 보물이 숨겨져 있다는 사실을 말입니다.

아마 이 글을 읽는 당신은 이렇게 생각할지 모릅니다. "그래, 그분은 정말 대단하다. 하지만 나는 내세울 만한 특별한 경험이 없는걸."

정말 그럴까요? 이것은 스스로를 과소평가하는 가장 큰 착각입니다. 당신이 살아온 50년의 세월은 그 자체로 거대한 도서관과 같습니다. 그 안에는 성공의 역사뿐만 아니라, 실패의 교훈, 위기 극복의 지혜, 관계의 기술 등 수만 권의 책이 잠들어 있습니다.

이제 그 도서관의 문을 열고, 먼지 쌓인 서가에서 당신만의 '베스트셀러'를 찾아낼 시간입니다. 회사라는 울타리 밖, 거친 정글과도 같은 세상에서 당신을 지켜줄 단 하나의 '홀로서기 무기'를 만드는 첫 번째 단계입니다. 지금부터 제가 알려드리는 3가지 질문에 솔직하게 답하며, 당신 안에 잠든 거인을 깨워보시기 바랍니다.

당신 인생의 '티핑 포인트'는 언제였습니까?

당신의 인생 그래프를 한번 그려보십시오. 가장 행복했던 순간, 가장 고통스러웠던 순간, 가장 치열하게 무언가를 극복했던 순간은 언제였나요?

· 결혼 후 10년간의 혹독한 시집살이를 견뎌내고, 지금은 누구보다 시어머니와 좋은 관계를 유지하고 있나요? → 그것이 바로 '고부 갈등 해결법'이라는 귀한 콘텐츠라고 말할 수 있습니다.

- 잘나가던 사업이 망해 신용불량자가 되었다가, 십수 년 만에 빚을 모두 청산하고 재기에 성공했나요? → 그 처절한 경험은 빚으로 고통받는 수많은 사람들에게 희망을 주는 '재기 컨설팅'이 될 수 있습니다.
- 소심하고 내성적인 성격 때문에 직장에서 힘들었지만, 꾸준한 노력으로 이를 극복하고 지금은 누구보다 발표를 잘하게 되었나요? → 그 노하우는 '직장인을 위한 스피치 클리닉'의 핵심 비법이 됩니다.

이처럼 당신의 가장 아팠던 상처가, 다른 사람의 상처를 치유하는 가장 강력한 무기가 될 수 있습니다.

주변 사람들이 당신에게 가장 많이 물어보는 것은 무엇입니까?

우리는 종종 자신이 가진 재능을 당연하게 생각하는 경향이 있습니다. 하지만 다른 사람의 눈에는 그것이 매우 특별하게 보일 수 있습니다.

- "김 부장, 자네는 어쩜 그렇게 화초를 잘 키우나? 비법 좀 알려줘."
- "언니, 이 김치찌개는 어떻게 끓이는 거예요? 식당에서 파는 것보다 더 맛있어요."
- "너한테만 오면 컴퓨터가 고쳐지더라. 도대체 비결이 뭐야?"

주변 사람들이 당신에게 반복적으로 도움을 요청하는 분야가 있다면, 그것이 바로 당신이 남들보다 뛰어난 재능을 가진 분야이자, 돈이 되는 지식이 될 가능성이 매우 높습니다. 바로 그 재능을 활용해야 합니다.

당신은 무엇을 할 때 시간 가는 줄 모를 만큼 즐겁습니까?

돈이 되지 않더라도, 그저 하는 것만으로도 가슴이 뛰고 행복한 일이 있나요? 그것이 당신의 평생 직업이 될 수 있습니다.

158

- 주말마다 산에 오르는 것이 유일한 낙인가요? → '50대를 위한 안전 산행 가이드'라는 유튜브 채널을 시작할 수 있습니다.
- 역사 드라마를 보는 것을 좋아하고, 직접 궁궐 답사를 다니는 것을 즐기나요? → '왕들의 이야기로 배우는 리더십'이라는 인문학 강좌를 열 수 있습니다.

내가 가장 즐겁게 할 수 있는 일은, 다른 사람들에게도 그 즐거움을 전파할 힘이 있습니다. 그리고 사람들은 기꺼이 그 '즐거움'을 위해 지갑을 엽니다.

이 3가지 질문을 통해 당신만의 '무기'를 찾으셨다면, 이제 녹슬지 않도록 매일 갈고닦아야 합니다. 그리고 다음에서는 이 날카로운 무기를 어떻게 세상에 선보이고, '돈'으로 바꿀 수 있는지 그 구체적인 실전 전략에 대해 함께 알아보겠습니다.

8장

돈 한 푼 안 들이고
시작하는
1인 지식기업 A to Z

1단계

당신의 경험을
팔리는 '콘텐츠'로 바꾸는 3가지 공식

앞에서 우리는 3가지 질문을 통해, 당신의 인생이라는 도서관 속에 잠자고 있던 보물, 즉 '나만의 홀로서기 무기'를 찾아냈습니다. 아마 당신은 "아, 나에게도 이런 강점이 있었구나!" 하는 작은 설렘과 자신감을 얻었을 겁니다.

하지만 이제부터가 진짜 시작입니다. 아무리 날카로운 무기라도, 그것을 어떻게 휘둘러야 할지 모른다면 한낱 고철에 불과합니다. 1인 지식기업의 첫 번째 단계는, 당신의 머릿속에 흩어져 있는 그 귀한 경험과 지식을, 다른 사람들이 돈을 주고서라도 사고 싶어 하는 '상품', 즉 '콘텐츠'로 바꾸는 작업입니다.

많은 분들이 "내 경험을 어떻게 팔 수 있다는 거지?", "대체 뭐부터 시작해야 할지 모르겠어" 등 이 단계에서부터 막막함을 느낍니다.

걱정하지 마십시오. 지금부터 당신의 '경험'이라는 원석을 반짝이는 '보석(콘텐츠)'으로 세공하는 3단계 공식을 알려드리겠습니다. 이 공식만 따라오면, 당신의 인생은 세상에 단 하나뿐인 명품 콘텐츠로 재탄생하게 될 것입니다. '경험을 콘텐츠로 바꾸는 3가지 공식'은 다음과 같습니다.

가장 필요로 하는 '한 사람'을 정하라(타깃 고객 설정)

당신의 지식이 필요한 사람은 누구일까요? 이때 '모든 사람'이라고 생각하는 순간, 당신의 콘텐츠는 아무도 사지 않는 상품이 됩니다. 가장 중요한 것은, 당신의 도움이 가장 절실하게 필요한 단 한 명의 고객(페르소나)을 구체적으로 그려보는 것입니다.

· '고부 갈등 해결법'이라는 막연한 주제 대신 → "결혼 3년차, 명절마다 시어머니와의 갈등으로 혼자 끙끙 앓고 있

는 30대 초반의 맞벌이 며느리"

· '재기 컨설팅'이라는 거대한 주제 대신 → "사업 실패 후 대리운전을 하며 빚을 갚고 있지만, 재기할 용기를 잃어 버린 40대 후반의 가장"

이렇게 타깃 고객이 명확해지는 순간, 내가 무슨 말을 해야 할지, 어떤 정보를 줘야 할지가 놀랍도록 선명해집니다.

그 사람의 '가장 큰 고통'에 집중하라(문제점 정의)

당신이 정한 그 한 명의 고객은, 지금 무엇 때문에 밤잠을 설치고 있을까요? 그 사람의 가장 아픈 '고통Pain Point'이 무엇인지 깊이 파고들어야 합니다.

· 30대 며느리의 고통은 무엇일까요? → "시어머니께 나쁜 며느리로 보이고 싶지 않으면서도, 부당한 요구에는 상처 받는 이중적인 마음에 괴로워한다."
· 40대 가장의 고통은 무엇일까요? → "다시 일어서고 싶지 만, 또 실패할까 봐 두렵고, 가족들에게 미안한 마음에 아

무엇도 시작할 수 없다."

사람들은 '그저 좋은 게 좋은 뻔한 정보'에는 돈을 내지 않습니다. 자신의 '아픈 문제'를 해결해주는 정보에 기꺼이 지갑을 엽니다. 당신의 콘텐츠는 바로 그 '해결책'이 되어야 합니다.

'나만의 해결책'을 순서대로 제시하라(솔루션 구조화)

이제 당신의 경험을 바탕으로, 그 고객의 문제를 해결해 줄 '나만의 솔루션'을 단계별로 정리하는 시간입니다. 이것이 바로 당신의 경험이 체계적인 '콘텐츠'로 바뀌는 핵심 과정입니다.

> **콘텐츠 예시 1: 며느리를 위한 '시월드 생존 대화법' 3단계**
>
> **1단계** 무조건 '네, 네' 하지 마라 - 우아하게 거절하는 법
>
> **2단계** 남편을 내 편으로 만드는 현명한 대화 기술
>
> **3단계** 시어머니의 진짜 속마음을 읽어내는 공감 대화법

콘텐츠 예시 2: 40대 가장을 위한 '두려움 없이 다시 시작하는 법'

1단계 실패를 자산으로 만드는 '실패 노트' 작성법

2단계 하루 1만 원으로 시작하는 '초소액 재기 프로젝트'

3단계 가족을 짐이 아닌, 든든한 응원군으로 만드는 법

어떤가요? 당신의 막연했던 경험이, 이제는 누군가의 절박한 문제를 해결해주는 '구체적인 해결책'이자, 돈이 되는 '콘텐츠'로 보이기 시작하지 않으신가요?

이렇게 '나만의 콘텐츠'가 완성되었다면, 이제 이 소중한 상품을 세상에 알릴 가게를 차려야 합니다. 다음에서는 어떤 가게(플랫폼)를, 어떻게 열어야 하는지 알아보겠습니다.

세상에 나를 알리는 공짜 가게 여는 법
(블로그 vs 유튜브)

자, 이제 당신의 손에는 '시월드 생존 대화법', '두려움 없이 다시 시작하는 법'과 같은, 세상에 단 하나뿐인 귀한 콘텐츠가 들려 있습니다. 이것은 누군가의 절박한 문제를 해결해 줄 수 있는 강력한 해결책입니다.

하지만 아무리 훌륭한 상품이라도, 창고 안에만 쌓아두면 아무도 그 가치를 알아주지 못합니다. 이제 이 상품을 진열하고 세상에 알릴 '나만의 가게'를 열어야 합니다.

많은 분들이 이 단계에서 "가게를 열려면 홈페이지도 만들고, 명함도 파고, 사무실도 얻어야 하는 것 아닌가요?"라며 시작도 전에 지레 겁을 먹습니다. 천만의 말씀입니다. 1인 지식기업의 가게는 보증금도, 월세도, 인테리어 비용도 필요 없습니다. 우리에게는 이미 세상에서 가장 강력하고, 심지어 '무료'인 가게 터가 주어져 있기 때문입니다.

바로 블로그와 유튜브입니다. 이 두 가지야말로, 돈 한 푼 들이지 않고 당신의 지식을 세상에 알리고, 미래의 고객들을 만날 수 있는 '최소한의 도구'이자 '최고의 도구'입니다.

"저는 컴퓨터를 잘 못 다루는데요", "카메라 앞에 서는 것은 상상만 해도 떨려요"라고 말하는 당신의 그 마음, 충분히 이해합니다. 하지만 둘 다 잘할 필요는 없습니다. 둘 중 당신에게 더 잘 맞는 '단 하나의 가게'만 먼저 열어도 충분합니다.

선택 1: '글'이 편하다면, 블로그로 시작하라

카메라 앞에 서는 것이 부담스럽고, 말보다는 글로 생각을 정리하는 것이 편안하다면, 주저 없이 블로그를 선택하십시오. 네이버 블로그는 지금 당장이라도 10분이면 만들 수 있습니다.

· **장점** 얼굴을 드러내지 않아도 되므로 심리적 부담이 적습

니다. 차분히 생각을 정리하며 깊이 있는 내용을 전달하기에 용이합니다. 한번 써둔 글은 검색을 통해 꾸준히 새로운 독자를 불러 모으는 '24시간 영업사원'이 되어줍니다.

· **시작하는 법** 앞에서 만든 '콘텐츠'를 주제로 첫 글을 써보십시오. '30대 며느리를 위한 시월드 생존 대화법'의 1단계 우아하게 거절하는 법과 같이, 당신의 잠재 고객이 검색할 만한 제목으로, 그들의 고통을 해결해주는 글을 하나씩 쌓아가면 됩니다.

선택 2: '말'이 편하다면, 유튜브에 도전하라

글쓰기보다는 다른 사람과 이야기하는 것이 더 즐겁고 당신의 표정과 목소리로 진심을 전달하고 싶다면, 유튜브는 최고의 무대가 될 것입니다.

· **장점** 독자와 훨씬 더 빠르고 깊은 신뢰 관계(래포)를 형성할 수 있습니다. 당신의 진정성 있는 눈빛과 따뜻한 목소리는 그 어떤 화려한 문장보다 강력한 무기가 됩니다. 잘 만들어진 영상 하나가 수만, 수십만 명에게 퍼져나가며 빠

르게 당신의 '팬'을 만들어줍니다.

· **시작하는 법** 거창한 장비는 필요 없습니다. 지금 당신 손에 들린 스마트폰 하나면 충분합니다. 대단한 편집기술도 필요 없습니다. 그저 카메라를 켜고, 당신이 정한 '단 한 명의 고객'에게 이야기하듯, 진심을 담아 당신의 해결책을 들려주십시오.

가장 중요한 첫걸음: '퍼주어라, 더 많이 퍼주어라'

어떤 가게(블로그, 유튜브)를 선택하든, 처음부터 물건을 팔아 수익을 낼 생각은 절대 금물입니다. 처음 3개월, 길게는 6개월 동안은 당신이 가진 모든 것을 아낌없이 '퍼준다'는 마음으로 시작해야 합니다.

당신이 가진 최고의 지식과 노하우를 무료로 제공하여, 사람들이 당신의 가게에 머물게 하고, 당신을 신뢰하게 만들어야 합니다. "이 사람, 정말 전문가구나", "이 사람의 이야기는 내게 정말 도움이 되는구나"라는 믿음이 쌓였을 때, 비로소 사람들은 당신의 '진짜 상품'에 기꺼이 지갑을 열 준비를 하게 됩니다.

170

이제 가게가 차려졌고, 당신의 지식에 감동하는 사람들이 하나둘 모여들기 시작했습니다. 그렇다면 이제 이 신뢰를 어떻게 '수익'으로 연결시킬 수 있을까요? 다음에서는 그 구체적인 수익화 모델에 대해 알아보겠습니다.

3단계

당신의 지식에 가격표를 붙이는
5가지 수익모델

　지금 당신의 가게(블로그, 유튜브)에는 당신의 지식에 감동하고, 당신의 진심에 고개를 끄덕이는 사람들이 하나둘 모여들기 시작했습니다. 당신은 지난 몇 개월간 아낌없이 '퍼주는' 행위를 통해, 돈으로는 살 수 없는 가장 위대한 자산, 바로 '신뢰'를 얻었습니다.

　이제, 이 단단한 신뢰를 바탕으로 조심스럽게 '수익'이라는 열매를 수확할 시간입니다. 많은 분들이 이 단계에서 죄책감을 느낍니다. "지금까지 무료로 주다가 돈을 받는다고 하면, 사람들이 나를 욕하지 않을까요?" 절대 그렇지 않습니다. 당신의 무료 콘텐츠에 만족한 사람들 중에는, "더 깊이,

더 체계적으로 배우고 싶으니, 기꺼이 돈을 낼 의향이 있습니다"라고 말하는 사람들이 반드시 존재합니다.

유료화는 당신의 지식에 '가치'를 매기는 행위이자, 당신의 도움을 더 절실하게 원하는 사람들에게 '프리미엄 서비스'를 제공하는 것입니다. 이제부터는 당신이 구축한 신뢰를 바탕으로, '가게'의 선반 위에 올려놓을 수 있는 5가지의 대표적인 '유료 상품(수익화 모델)'을 소개해 드리겠습니다.

수익모델1: 광고 수익(보너스 용돈)

가장 쉽고 자동적으로 수익을 내는 방법입니다. 당신의 블로그나 유튜브에 광고를 붙여, 방문자들이 광고를 보거나 클릭할 때마다 수익을 얻는 방식입니다.

- **블로그** 구글 애드센스, 네이버 애드포스트
- **유튜브** 유튜브 파트너 프로그램(구독자 1,000명, 시청 시간 4,000 시간 이상 충족 시)
- **마음가짐** 광고 수익은 우리의 주된 목표가 아닙니다. 콘텐츠를 꾸준히 쌓다 보면 자연스럽게 따라오는 '보너스 용돈'

정도로 생각하는 것이 좋습니다.

수익모델2: 제휴 마케팅(내가 써보고 추천하는 것)

당신이 콘텐츠에서 언급한 특정 제품이나 서비스를, 독자가 당신의 링크를 통해 구매했을 때 일정 비율의 수수료를 받는 방식입니다.

- **예시** '50대를 위한 안전 산행 가이드' 콘텐츠에서, 당신이 직접 사용해보고 만족했던 특정 브랜드의 등산 스틱이나 등산화를 추천하며 구매 링크를 걸어두는 것입니다(쿠팡 파트너스가 대표적입니다).
- **주의할 점** 반드시 당신이 직접 써보고, 진심으로 좋다고 생각하는 제품만 추천해야 합니다. 섣부른 추천은 당신이 쌓아온 신뢰를 한순간에 무너뜨릴 수 있습니다.

수익모델3: 전자책 판매(나의 지식을 압축한 상품)

당신이 블로그나 유튜브에 흩어져 있던 콘텐츠를 하나의 주제로 엮고, 더 깊이 있는 정보와 노하우를 추가하여 PDF 형태의 '전자책'으로 만드는 것입니다.

- **예시** '며느리를 위한 시월드 생존 대화법'이라는 주제로 쓴 10개의 블로그 글을 묶어, 구체적인 상황별 대화 예시와 마인드 컨트롤 워크시트를 추가한 50페이지짜리 전자책을 만들어 1~2만 원에 판매하는 것입니다.
- **장점** 제작비용이 거의 들지 않으며, 한번 만들어두면 자동으로 판매되는 '디지털 자산'이 됩니다.

수익모델4: 온라인 VOD 강의(프리미엄 지식 상품)

전자책보다 한 단계 더 나아간, 당신의 지식을 영상으로 체계적으로 정리한 '온라인 동영상 강의vod'를 판매하는 것입니다.

- **예시** '실패 없는 다가구주택 투자, A부터 Z까지'라는 주제로, 좋은 매물을 찾는 법부터 대출, 계약, 세입자 관리까지의 전 과정을 10개의 영상 강의로 제작하여 판매합니다.
- **플랫폼** 클래스101, 인프런과 같은 강의 플랫폼에 입점하거나 직접 판매할 수도 있습니다. 전자책보다 훨씬 높은 가격을 받을 수 있는 프리미엄 상품입니다.

수익모델5: 1 대 1 코칭 및 컨설팅(최고 가치의 상품)

당신의 시간과 전문성을 직접 판매하는, 가장 높은 수익을 올릴 수 있는 모델입니다. 당신의 도움이 절실한 단 한 사람을 위해 맞춤형 해결책을 제공하는 것입니다.

- **예시** '재기 컨설팅'을 주제로 활동한다면, 빚으로 고통받는 사람을 대상으로 1대 1 재무 상담 및 재기 계획 컨설팅을 시간당 비용을 받고 진행합니다.
- **조건** 이 모델은 가장 높은 수준의 전문성과 신뢰가 쌓였을 때 가능합니다. 당신의 무료 콘텐츠만으로도 문제가 해결된 사람이 나올 정도가 되었을 때, 자연스럽게 "직접 만나

서 배우고 싶다"는 요청이 들어오게 될 것입니다.

이 5가지 모델을 모두 할 필요는 없습니다. 광고 수익과 제휴 마케팅을 기본으로 깔아두고, 당신의 성향과 콘텐츠에 가장 잘 맞는 1~2가지 모델(전자책, 강의, 코칭 중)에 집중하는 것이 현명한 전략입니다.

이제 당신은 콘텐츠를 만들고, 가게를 열고, 상품을 진열하는 법까지 모두 알게 되었습니다. 남은 것은 단 하나, 바로 이 모든 것을 진짜 '현실'로 만드는 '첫걸음'을 내딛는 용기입니다.

두려움을 넘어, 지금 당장 시작할 수 있는 '어이없을 정도로 작은' 첫걸음

자, 이제 당신은 1인 지식기업으로 성공하기 위한 거의 모든 지식을 갖추었습니다. 당신 안의 보물을 찾아 콘텐츠로 만드는 법을 알았고, 블로그와 유튜브라는 가게를 여는 법도 배웠으며, 그 가게에서 무엇을 팔아 돈을 벌 수 있는지도 알게 되었습니다. A부터 Z까지, 이제 모든 준비는 끝났습니다.

하지만 아마도 당신은, 여전히 그 자리에 가만히 서 있을지도 모릅니다. 머릿속은 수많은 생각으로 복잡하고, 가슴은 알 수 없는 두려움으로 쿵쾅거릴 것입니다.

"내 글을 아무도 읽지 않으면 어떡하지?", "내 유튜브 영상을 보고 사람들이 비웃으면 어떡하지?", "괜히 시작했다가

시간 낭비만 하는 건 아닐까?"

이 두려움의 목소리가, 당신의 발목을 굳게 붙잡고 있을 겁니다. 그리고 바로 이 마지막 관문, '두려움'이라는 벽을 넘지 못해 99%의 사람들이 결국 아무것도 시작하지 못하고 주저앉고 맙니다.

괜찮습니다. 두려운 것은 지극히 정상입니다. 수십 년간 걸어온 익숙한 길을 벗어나, 한 번도 가보지 않은 새로운 길을 나서는 데 어찌 두렵지 않을 수 있겠습니까? 그 두려움은 당신이 나약해서가 아니라, 오히려 당신이 지금 당신 인생에서 가장 '중요한 도전' 앞에 서 있다는 증거입니다.

그렇다면 이 두려움의 벽을 어떻게 넘을 수 있을까요? 거창한 용기를 내거나, 완벽한 준비를 갖추라고 말씀드리지 않겠습니다. 오히려 정반대입니다.

세상에서 가장 '어이없을 정도로 작은' 첫걸음을 내딛는 것입니다. 우리의 뇌는 거대한 변화를 위협으로 인식하고 저항합니다. '블로그를 시작하자!'라는 큰 목표는 부담스럽지만, '컴퓨터 전원을 켠다'는 작은 행동에는 저항하지 못합니다. 바로 이 원리를 이용하는 것입니다.

· **'블로그 개설하기'가 두렵다면,** 지금 당장 네이버에 로그인해서

블로그 관리 페이지에 들어간 뒤, '내 블로그 소개'라는 칸에 딱 한 문장, "안녕하세요. 오늘부터 제 이야기를 시작합니다"라고만 적어보십시오. 공개할 필요도 없습니다. 비공개로 저장해도 괜찮습니다.

· **'유튜브 영상 찍기'가 두렵다면,** 지금 바로 스마트폰 카메라를 켜고, 아무도 없는 방에서 허공을 향해 딱 10초만 "안녕하세요. 반갑습니다"라고 말하는 영상을 찍어보십시오. 그리고 바로 삭제해도 좋습니다.

이게 무슨 의미가 있냐고요? 엄청난 의미가 있습니다. 당신은 방금 '생각만 하던 사람'에서, '행동을 시작한 사람'으로 변신했습니다. 0에서 1이 되는 가장 위대한 도약을 해낸 것입니다. 어제와는 완전히 다른 사람이 된 것입니다.

진짜 실패는, 시도했다가 넘어지는 것이 아닙니다. 넘어져 다칠 것이 두려워, 출발선에서 한 발짝도 떼지 못하는 것이 진짜 실패입니다.

당신은 이제 모든 것을 알고 있습니다. 남은 것은 단 하나, 이 어이없을 정도로 작은 첫걸음뿐입니다. 오늘 이 책을 덮기 전에, 딱 10분만 투자해 이 작은 행동 하나를 실천해보지 않으시겠습니까? 일단 시작해보십시오. 당신의 그 작은 몸짓 하나가, 앞으로 남은 50년의 인생을 바꾸는 가장 위대한 첫걸음이 될 것입니다.

4부 :

돈이 전부가
아니었음을

깨닫는 시간

튼튼한 경제적 기반과 평생 할 수 있는 일을 찾았다면, 이제 우리는 행복이라는 여정의 마지막 퍼즐을 맞출 시간입니다. 돈 걱정, 일 걱정에서 벗어난 사람들의 얼굴에 왜 그늘이 드리워지는 걸까요? 그들은 돈과 일 너머에 있는 더 중요한 가치를 놓쳤기 때문입니다.

4부에서는 돈으로는 절대 살 수 없는 것들의 가치에 대해 이야기합니다. 평생 모은 돈을 한순간에 삼키는 '의료비' 폭탄을 막는 건강관리의 비밀, '평생의 웬수'가 된 배우자와 다시 사랑에 빠지는 법, 다 큰 자식에게 '존경받는 부모'로 거듭나는 지혜, 그리고 과거의 명함을 버리고 새로운 친구를 사귀는 기술까지. 돈이 전부가 아니었음을 깨닫는 이 마지막 여정을 통해, 당신의 인생 2막은 비로소 완전한 풍요로움에 이르게 될 것입니다.

9장

건강해야 돈도, 행복도 있다

평생 모은 돈을 삼키는 주범, '의료비'라는 시한폭탄

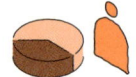

지금까지 우리는 돈 걱정 없는 노후를 만들기 위해 치열하게 달려왔습니다. 집을 줄여 현금을 만들고, 그 돈으로 월세 받는 시스템을 구축했으며, 1인 지식기업이라는 평생 직업의 가능성까지 확인했습니다. 이제 웬만한 파도가 몰려와도 끄떡없을 튼튼한 '경제적 방주'를 만든 셈입니다.

하지만 만약, 그 모든 노력으로 만든 방주 밑바닥에, 우리가 미처 발견하지 못한 작은 구멍이 뚫려 있다면 어떻게 될까요? 처음에는 눈에 띄지 않지만, 시간이 지날수록 점점 더 많은 물이 새어 들어와 결국 우리를 침몰시키는 치명적인 구멍 말입니다.

그 구멍의 이름은 바로 '의료비'입니다. 우리는 흔히 노후 준비라고 하면 돈 문제만 떠올립니다. 하지만 수많은 은퇴자들이 평생 모은 자산을 하루아침에 잃고 '노후 파산'의 나락으로 떨어지는 가장 큰 이유는, 주식 투자 실패도, 사기도 아닙니다. 바로 예고 없이 찾아오는 '질병' 때문입니다.

통계는 이 위험이 얼마나 현실적인지 냉정하게 보여줍니다. 건강보험심사평가원에 따르면, 한국인이 평생 지출하는 의료비의 절반 이상이 65세 이후에 집중됩니다. 특히 인생의 마지막 1~2년에 평생 의료비의 3분의 1을 쏟아붓는다는 통계는, 질병이 우리의 노후 자산을 얼마나 무섭게 빨아들이는지를 증명합니다.

젊었을 때는 감기몸살로 병원에 가는 것이 전부였을지 모릅니다. 하지만 50대를 넘어서는 순간, 우리 몸은 고혈압, 당뇨, 고지혈증과 같은 만성질환은 물론, 암, 뇌졸중, 심근경색 등 치명적인 질병의 위협에 본격적으로 노출됩니다.

이 '의료비'라는 지출이 다른 지출보다 훨씬 더 무서운 이유는, 이것이 '예측 불가능'하고, '타협 불가능'하며, '통제 불가능'한 3가지 특성을 모두 가졌기 때문입니다.

· **예측 불가능** 우리는 내일 당장 어떤 병에 걸릴지 아무도 알

수 없습니다.

- **타협 불가능** 식비나 여행 경비는 아낄 수 있지만, 당장 내 몸이 아픈데 치료비를 아낄 수는 없습니다.
- **통제 불가능** 한번 큰 병에 걸리면, 치료가 끝날 때까지 얼마의 돈이 들어갈지 가늠조차 할 수 없습니다. 수술비, 입원비, 간병비, 약값… 밑 빠진 독처럼 돈이 사라져 갑니다.

결국, 평생 모은 퇴직금과 아파트 판 돈을 병원비로 모두 탕진하고, 자녀들에게까지 손을 벌리게 되는 비극. 이것이 바로 '노후 파산'의 가장 흔한 시나리오입니다.

이제 우리는 깨달아야 합니다. 진정한 노후 준비는 단순히 돈을 버는 기술만으로는 완성되지 않는다는 것을. 나의 가장 소중한 자산인 '몸'을 지키는 것, 그것이야말로 최고의 재테크이자 가장 확실한 노후 대비입니다.

건강은 더 이상 건강할 때만 챙기는 것이 아닙니다. 돈과 행복, 그리고 인간적인 품위를 지키기 위한 최후의 보루입니다. 이제, 이 무서운 시한폭탄을 어떻게 해체하고, 건강과 돈 두 마리 토끼를 모두 잡을 수 있는지 그 구체적인 방법을 함께 알아보겠습니다.

최고의 재테크는
'하체 근육'에 투자하는 것

앞서 우리는 '의료비'라는 시한폭탄이 얼마나 무서운지 확인했습니다. 평생 모은 돈을 한순간에 앗아가는 이 폭탄을 해체할 수 있는 유일한 방법은 무엇일까요? 최고의 실손보험에 가입하는 것? 아니면 돈을 더 많이 버는 것?

아닙니다. 정답은 너무나도 간단해서 우리가 오히려 외면해왔던 곳에 있습니다. 바로 '오늘 내가 무엇을 하고, 무엇을 먹는가'입니다.

많은 분들이 '건강관리'라고 하면, 비싼 돈을 내고 헬스장에 가거나, 전문가의 도움을 받아야 하는 거창한 일로 생각합니다. 하지만 50대의 건강관리는 20대의 근육 만들기와는 완전히 다릅니다. 핵심은 '강도'가 아니라 '꾸준함'이며, '특별한 비법'이 아니라 '일상의 기본'을 지키는 것입니다.

지금부터는 돈 한 푼 들이지 않고, 당신의 남은 50년을 병원과 약봉지로부터 해방시켜 줄 가장 확실한 두 가지 평생 건강 관리법, 운동과 식습관에 대해 알아보겠습니다.

평생 건강 관리법 1
: 운동, '하체 근육 연금'에 투자하라

나이가 들수록 우리 몸에서 가장 먼저 빠져나가는 것이 바로 '근육', 특히 '하체 근육'입니다. 허벅지 근육은 우리 몸의 혈당을 조절하는 가장 큰 장기이자, 우리가 죽는 날까지 두 발로 걷고 활동하게 해주는 '생명 근육'입니다. 하체 근육이 무너지면, 당뇨와 같은 만성질환에 쉽게 노출되고, 결국에는 거동조차 힘들어져 타인의 돌봄을 받아야 하는 신세가 될 수 있습니다. '하체 근육'에 투자하는 것은, 매달 이자가 나오는 가장 확실한 '건강 연금'에 가입하는 것과 같습니다.

· **걷기** 그저 걷는 것이 무슨 운동이 되냐고 생각하지 마십시

오. 매일 30분 이상, 팔을 힘차게 흔들며, 보폭을 넓혀 '조금 빠르게' 걷는 것은 심폐지구력을 높이고 혈액순환을 개선하는 최고의 유산소 운동입니다.

· **스쿼트** '운동의 왕'이라 불리는 스쿼트는 허벅지 근육을 키우는 가장 효과적인 운동입니다. 처음에는 의자를 잡고 하루 10개만 시작해도 좋습니다. TV를 보면서, 잠시 쉬는 시간에 틈틈이 하는 것만으로도 당신의 '근육 연금'은 차곡차곡 쌓여갈 것입니다.

평생 건강 관리법 2
: 식습관, '무엇을 먹을까'보다 '무엇을 덜 먹을까'

50대의 식습관은 '몸에 좋은 보양식'을 챙겨 먹는 것보다, '몸에 나쁜 것을 덜 먹는' 것이 훨씬 더 중요합니다. 우리의 몸은 더 이상 20대처럼 왕성한 대사 능력을 갖고 있지 않기 때문입니다.

· '흰색 음식'과 거리두기

흰 쌀밥, 흰 밀가루, 흰 설탕. 이 '3백(白)' 식품은 우리 몸의 혈당을 급격히 올려 당뇨와 비만의 주범이 됩니다. 밥을 지을 때 현미나 잡곡을 섞고, 빵이나 면을 먹는 횟수를 줄이는 작은 노력만으로도 우리 몸은 놀랍도록 건강해집니다.

· 단백질과 친해지기

근육이 빠져나가는 것을 막기 위해서는 '단백질' 섭취가 필수적입니다. 거창한 고기가 아니어도 괜찮습니다. 매 끼니에 두부 한 모, 계란 프라이 하나, 등푸른생선 한 토막을 추가하는 것을 습관화하십시오. 식물성 단백질과 동물성 단백질을 골고루 섭취하는 것이 중요합니다.

운동과 식습관. 너무나 뻔하고 시시하게 들리시나요? 하지만 세상의 모든 진리는 이처럼 단순한 곳에 있습니다. 오늘 점심 식사 후 20분간 산책하는 것, 저녁 식사 때 밥을 반 공기 덜어내는 것 등 이 사소한 실천 하나가 수천만 원짜리 보험보다, 수억 원의 노후 자금보다 더 확실하게 당신의 행복한 노후를 지켜줄 것입니다. 건강은 비용이 아니라, 최고의 수익률을 보장하는 '평생 투자'입니다.

몸이 아닌 마음이 무너질 때
: 퇴직 후의 외로움과 무기력 극복하기

이제 우리는 튼튼한 경제적 방주를 만들었고, 운동과 식습관을 통해 그 방주를 이끌어갈 건강한 신체도 갖추었습니다. 하지만 이 모든 것을 갖추었음에도 불구하고, 많은 은퇴자들이 깊은 불행의 늪에 빠지곤 합니다. 그 이유는 바로, 우리가 애써 외면해왔던 또 하나의 보이지 않는 적, '마음의 병' 때문입니다.

퇴직은 단순히 돈벌이가 끊기는 사건이 아닙니다. 지난 30년간 나의 존재 이유와도 같았던 것들이 한순간에 사라지는, 일종의 '사회적 사망선고'와도 같습니다.

· 내 이름 앞에 붙어 있던 '부장님', '팀장님'이라는 직함이 사라집니다.
· 매일 아침 나를 기다리던 책상이 사라집니다.
· 점심시간마다 시시콜콜한 이야기를 나누던 동료들이 사라집니다.

이 거대한 상실감은 우리 마음에 '외로움'과 '무기력'이라는 깊은 구멍을 만들어냅니다. 아침에 눈을 떠도 갈 곳이 없고, 만나야 할 사람이 없으며, 해야 할 일이 없는 하루. 그토록 바라던 자유였건만, 막상 마주한 끝없는 자유는 우리를 행복하게 하는 것이 아니라, 오히려 '나는 이제 세상에 쓸모없는 사람이구나'라는 끔찍한 자기 비하에 빠지게 만듭니다.

육체의 병이 의료비 폭탄으로 우리의 돈을 앗아간다면, 마음의 병은 삶의 모든 의미와 즐거움을 앗아갑니다. 아무리 돈이 많고 몸이 건강해도, 마음이 지옥이라면 하루하루가 고통일 뿐입니다.

그렇다면 이 텅 빈 마음을 무엇으로 채워야 할까요? 비싼 취미나 화려한 여행이 정답일까요? 아닙니다. 마음의 근육을 키우는 방법 또한, 몸의 근육을 키우는 방법처럼 아주 사소하고 일상적인 것에서 시작됩니다.

마음 근육 강화법 1: 나만의 '출근길'을 만들어라

퇴직 후 가장 위험한 것은 '아무 계획 없이' 하루를 보내는 것입니다. 늦잠을 자고, TV 리모컨을 든 채 소파와 한 몸이 되어 하루를 보내는 생활이 반복되면, 무기력의 늪에 빠지는 것은 시간 문제입니다.

해결책은 '새로운 나만의 루틴'을 만드는 것입니다. 아침 9시까지 정장을 차려입고 회사에 가는 대신, 아침 9시까지 운동복을 입고 동네 공원으로 '출근'하는 것입니다.

· **오전 출근** 동네 도서관, 공원, 주민센터, 헬스장 등 어디든 좋습니다. 정해진 시간에 집을 나서는 것만으로도, 우리의 뇌는 '오늘도 나에게는 해야 할 일이 있다'고 인식하며 활력을 찾습니다.
· **오후 업무** 책을 읽거나, 글을 쓰거나, 새로운 악기를 배우는 등 당신의 '성장'을 위한 시간을 갖습니다.

마음 근육 강화법 2: '새로운 명함'을 파라

사라진 회사 명함 대신, 당신의 새로운 정체성을 담은 명함을 만들어보십시오. 이것은 단순한 종잇조각이 아니라, 당신의 인생 2막을 정의하는 선언문이 될 것입니다.

· 회사 로고 대신, 당신이 좋아하는 꽃이나 산 그림을 넣으십시오.
· '부장 김철수' 대신, '행복한 여행가', '초보 목수', '동네 사진작가'와 같이, 당신이 되고 싶은 새로운 이름을 새기십시오.
· 새로운 커뮤니티에서 만난 사람들에게 이 명함을 건네며 당신을 소개해 보십시오.

이 작은 명함 하나가, 당신에게 잃어버렸던 소속감과 자존감을 되찾아줄 것입니다.

마음 근육 강화법 3: '받는 사람'에서 '주는 사람'으로

평생 사회와 가족으로부터 무언가를 '받는' 역할을 해왔다면, 이제는 작은 것이라도 '주는' 기쁨을 느껴보십시오.

· **재능 기부** 당신이 가진 경험과 지식을 지역주민센터나 복지관에서 무료로 나누어 주십시오. 왕년에 잘 나갔던 영업 노하우, 평생 취미였던 서예 실력, 무엇이든 좋습니다.
· **봉사 활동** 거창할 필요 없습니다. 동네 공원의 쓰레기를 줍거나, 독거노인을 위해 반찬을 만들어 나누는 작은 선행만으로도 충분합니다.

누군가에게 나의 존재가 도움이 된다는 사실을 확인하는 순간, 우리는 '쓸모없는 존재'라는 무력감에서 벗어나 살아갈 이유와 보람을 되찾게 됩니다.

돈과 신체 건강이 행복한 노후의 '필요조건'이라면, 마음의 건강은 모든 것을 완성하는 '충분조건'입니다. 이제 마지막으로, 이 모든 행복의 가장 든든한 기반이 되어줄 '관계'의 문제를 들여다보겠습니다.

10장

관계에도
구조조정이
필요하다

하루 종일 붙어 있는 배우자,
'웬수'가 아닌 '연인'으로 사는 법

우리는 이제 돈과 건강, 그리고 마음의 평화까지, 행복한 노후를 위한 대부분의 준비를 마쳤습니다. 하지만 이 모든 것을 갖추고도, 수많은 은퇴자들이 예상치 못한 암초에 부딪혀 좌초되곤 합니다. 바로 세상에서 가장 가깝고도 먼 사이, '배우자'와의 관계입니다.

'퇴직 증후군'이라는 말, 들어보셨나요? 남편이 퇴직한 후, 아내가 원인 모를 스트레스와 우울증에 시달리는 현상을 말합니다. 평일 낮에는 각자의 공간에서 자유를 누리던 부부가, 퇴직 후 하루 24시간, 일주일 내내 얼굴을 마주하게 되면서 벌어지는 비극입니다.

남편은 어떤가요? 평생 가족을 위해 헌신하고 이제 좀 쉬려는데, 아내는 사사건건 잔소리만 하는 것 같아 섭섭합니다. 아내는 또 어떤가요? 수십 년간 지켜온 나만의 공간과 리듬을 침범한 채, 삼시세끼 밥만 기다리는 남편이 낯설고 불편하기만 합니다. '평생의 동반자'가 어느새 '평생의 웬수'가 되어버리는 순간입니다.

하지만 이 갈등은 누가 더 나쁘거나 이기적이어서 생기는 문제가 아닙니다. 지난 30년간 서로 다른 환경 속에서 굳어진 삶의 방식이, '퇴직'이라는 거대한 변화 앞에서 충돌하며 내는 파열음일 뿐입니다.

그렇다면 이 피할 수 없는 파열음을, 어떻게 아름다운 화음으로 바꿀 수 있을까요? 정답은 '사랑'이나 '참고 사는 것'과 같은 막연한 다짐에 있지 않습니다. 서로를 독립된 인격체로 존중하고, 새로운 관계의 규칙을 함께 만들어나가는 '현명한 기술'이 필요합니다.

평생의 웬수를 다시 연인으로 만드는 3가지 기술

기술 1 물리적 거리두기: 각자의 '동굴'을 허락하라

아무리 사랑하는 사이라도, 하루 종일 붙어 있으면 숨이 막히기 마련입니다. 부부 사이에도 적절한 '물리적 거리'와 각자의 '혼자만의 시간'이 반드시 필요합니다.

- **나만의 공간 만들기** 집이 좁아도 괜찮습니다. 남편은 서재나 베란다, 아내는 안방의 작은 화장대 앞이라도 좋습니다. 그 누구에게도 방해받지 않고 오롯이 혼자 책을 읽거나, 음악을 듣거나, 멍하니 있을 수 있는 '나만의 동굴'을 서로 인정해주어야 합니다.
- **따로 또 같이 스케줄 짜기** "오전에는 각자 알아서, 점심 식사는 같이 먹고, 오후에는 함께 산책하기"와 같이, 하루의 스케줄을 '함께하는 시간'과 '혼자만의 시간'으로 나누어보십시오. 적절한 거리감이 오히려 서로를 더 애틋하게 만듭니다.

기술 2 가사 재분배: '아내의 일'은 없다

퇴직 후 남편들이 가장 많이 하는 실수는, 아내를 '자신을 돌봐주는 새로운 비서'로 착각하는 것입니다. "물 갖다 줘", "밥은 아직 멀었어?"라는 말 한마디가 아내에게는 깊은 상처와 분노를 유발합니다.

이제 집안일은 더 이상 '아내의 일'이 아닙니다. '우리 부부의 공동 업무'입니다. 남편이 아내를 '돕는' 개념이 아니라, 자신의 생존을 위해 당연히 해야 할 '의무'로 받아들여야 합니다. 식사 준비, 설거지, 청소, 분리수거 등 구체적인 가사 목록을 만들고, 공평하게 역할을 나누는 것부터 시작해야 합니다.

기술 3 서로의 '사회생활'을 응원하라

퇴직 후 많은 남편들이 아내를 자신의 유일한 친구이자 보호자로 생각하며 집착하게 됩니다. 하지만 건강한 관계는 각자의 세계를 존중해줄 때 유지됩니다.

아내가 친구들과 며칠간 여행을 다녀온다고 하면, 섭섭해하는 대신 "잘 다녀와! 마누라 덕분에 나도 며칠 자유네!"라며 기쁘게 보내주십시오. 남편이 동네 친구들과 당구를 치러 간다고 하면, 잔소리 대신 "오늘 컨디션 좋네! 꼭 이기고 와!"라며 응원해주십시오.

각자의 취미 생활과 친구 관계를 통해 새로운 에너지를

얻고 돌아왔을 때, 부부 사이의 대화는 더욱 풍성해지고 관계는 더욱 단단해집니다.

배우자는 나의 노후를 함께 완성해나갈 가장 중요한 파트너입니다. 이 파트너와 어떤 관계를 맺느냐에 따라, 당신의 남은 50년이 천국이 될 수도, 지옥이 될 수도 있습니다. 이제 배우자와의 관계를 재정립했다면, 조금 더 어려운 숙제인 '성인 자녀'와의 관계를 어떻게 맺어야 할지 알아보도록 하겠습니다.

자식에게 존경받는 부모들의 비밀, 건강하게 거리두기

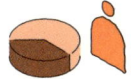

배우자와의 관계를 새롭게 정립했다면, 이제 우리는 관계 재정립의 마지막 관문이자 가장 어려운 숙제 앞에 서게 됩니다. 바로 다 큰 줄 알았는데 여전히 아이 같고, 밀어내자니 마음이 아픈 존재, 바로 '성인 자녀'입니다.

우리 세대에게 자식은 어떤 존재였나요? 나의 모든 것을 희생해서라도 성공시켜야 할 '나의 분신'이자, 나의 노후를 책임져 줄 '든든한 보험'과도 같았습니다. 그렇기에 자녀가 성인이 되어도, 결혼을 해서 가정을 꾸려도, 우리는 여전히 부모의 자리에서 내려올 줄을 모릅니다. 자식의 인생에 사사건건 개입하고, 조언이라는 이름으로 잔소리하며, 경제적 지원이라는 명목으로 발목을 잡습니다.

하지만 시대가 변했습니다. 당신의 그 헌신적인 사랑이, 이제는 자녀의 성장을 가로막고, 당신의 노후를 위협하며, 결국에는 가족관계 전체를 무너뜨리는 '독'이 될 수 있다는 사실을 인정해야 합니다.

'평생의 웬수'가 된 배우자와는 매일 얼굴이라도 보지만, 마음이 멀어진 자식은 평생 얼굴 한번 보기 힘든 진짜 '남'이 될 수도 있습니다. 자녀와의 관계에서도, 이제는 서로의 행복을 위한 '건강한 거리두기'가 반드시 필요합니다.

자식에게 존경받는 부모가 되는 3가지 지혜

경제적 거리두기 '부모 은행'은 파업을 선언하라

앞에서 우리는 '자녀 리스크'가 얼마나 무서운지를 확인했습니다. 성인이 된 자녀에게 계속해서 경제적 지원을 하는 것은, 자녀의 자립심을 꺾는 가장 확실한 방법이자, 나의 노후를 파탄 내는 지름길입니다.

· **원칙** "성인이 된 이후의 모든 경제적 책임은 너의 몫이다."

이 원칙을 분명히 하고, 더 이상 자녀의 'ATM'이 되기를 거부해야 합니다.

- **마음가짐** 자녀가 경제적으로 힘들어하는 모습을 보는 것은 가슴 아픈 일입니다. 하지만 스스로 고생하며 돈의 무서움을 깨닫고, 자신의 힘으로 일어서는 경험을 하도록 기회를 주어야 합니다. 그것이 자녀의 인생에 부모가 줄 수 있는 가장 큰 경제교육입니다.

감정적 거리두기 '자녀의 인생'을 돌려주어라

많은 부모들이 자녀의 인생을 자신의 인생과 동일시합니다. 자녀의 성공이 나의 성공이고, 자녀의 선택이 곧 나의 선택이어야 한다고 믿습니다. "다 너 잘되라고 하는 소리야"라는 말로, 자녀의 배우자, 직장, 손주 교육방식까지 모든 것을 통제하려 합니다.

- **내려놓기** 자녀는 더 이상 당신의 소유물이 아닙니다. 독립된 인격체로서 자신의 인생을 스스로 선택하고 책임질 권리가 있습니다. 그들의 선택이 마음에 들지 않더라도, 믿고 지켜봐 주는 용기가 필요합니다.
- **새로운 역할** 이제 당신의 역할은 '감독'이 아니라, 한 발짝

뒤에서 묵묵히 응원해주는 '관중'입니다. 조언은 그들이 먼저 구할 때만, 아주 짧게 해주는 것으로 충분합니다.

역할 거리두기 '부모'의 자리에서 내려와 '인생 선배'가 되어라

언제까지고 '가르치려는 부모'의 자리에 머물러 있어서는 안 됩니다. 이제는 부모라는 무거운 갑옷을 벗고, 동등한 눈높이에서 인생의 지혜를 나누는 '친한 인생 선배'가 되어주십시오.

- **대화의 방식 바꾸기** "○○해라"라는 명령 대신, "○○하는 건 어떨까?"라는 제안으로, "나 때는 말이야"라는 훈계 대신, "나도 그런 적이 있었는데, 참 힘들었지"라는 공감으로 대화의 방식을 바꿔보십시오.
- **새로운 관계 맺기** 자녀의 집에 불쑥 찾아가 냉장고를 검사하는 대신, "주말에 너희 집 근처 맛집에서 밥 한 번 살게"라며 멋진 약속을 잡아보십시오. 의무와 책임의 관계가 아니라, 즐거움과 존중의 관계로 전환될 때, 자녀는 비로소 부모를 만나고 싶어 합니다.

건강하게 거리를 둔다는 것은 결코 관계를 끊는다는 의미가 아닙니다. 오히려 서로에게 짐이 되는 낡은 관계의 끈을 끊어내고, 성숙한 어른 대 어른으로서 서로를 존중하고 지지하는 새로운 관계를 맺는 것입니다. 이제 우리는 노후의 행복을 완성하는 마지막 퍼즐, 주변 사람들과의 새로운 관계 맺기에 대해 알아보겠습니다.

과거의 명함을 찢어버릴 때, 비로소 새로운 친구가 생긴다

이제 우리는 인생 2막의 가장 든든한 동반자인 배우자와, 가장 소중한 존재인 자녀와의 관계를 새롭게 정립하는 지혜를 얻었습니다. 가정이라는 가장 중요한 울타리를 단단하게 만들었으니, 이제 마지막으로 그 울타리 밖으로 시선을 돌려 세상과 연결될 시간입니다.

퇴직 후 우리가 잃는 것은 비단 돈과 명함만이 아닙니다. 어쩌면 그보다 더 우리를 고통스럽게 하는 것은, 매일 아침 "김 부장, 좋은 아침!"이라고 인사를 건네던 동료, 점심시간마다 시시콜콜한 농담을 나누던 팀원들, 때로는 지긋지긋했지만 나에게 소속감을 주었던 '회사'라는 이름의 사회적 관계망 전체가 한순간에 사라진다는 사실입니다.

인간은 사회적 동물입니다. 의학 전문가들은 '외로움'과 '사회적 고립'이 흡연이나 비만만큼이나 건강에 치명적인 영향을 미친다고 경고합니다. 아무리 돈이 많고, 가족 관계가 좋아도, 세상과 단절된 채 집 안에만 고립되어 있다면 우리는 결코 행복할 수 없습니다.

그렇다면 어떻게 해야 할까요? 헤어진 직장 동료들에게 계속 연락하며 과거를 곱씹어야 할까요? 아닙니다. 이제 우리는 낡은 관계에 연연하는 대신, 새로운 세상에서 새로운 친구를 사귀는 법을 배워야 합니다.

고립 탈출! 새로운 친구를 사귀는 3가지 기술

과거의 '명함'을 찢어버려라

새로운 관계를 맺는 데 있어 가장 큰 걸림돌은 바로 '과거의 나'입니다. "내가 왕년에는 말이야…", "내가 어떤 자리에 있던 사람인데…"와 같이 과거의 직함과 영광을 늘어놓는 순간, 사람들은 당신을 존경하는 것이 아니라 '피곤한 꼰대'로 여기고 거리를 두기 시작합니다.

- **원칙** 새로운 커뮤니티에서는 당신의 과거를 모두 지우십시오. 당신은 더 이상 대기업 부장도, 교사도 아닙니다. 그저 똑같은 취미를 공유하는 '동네 친구'일 뿐입니다.
- **마음가짐** 상대방의 이야기를 듣는 데 70%, 나의 이야기를 하는 데 30%를 사용하십시오. 특히 질문을 많이 하십시오. "그건 어떻게 하는 건가요?", "정말 대단하시네요. 비결이 뭔가요?" 겸손하게 배우려는 자세를 보일 때, 사람들은 당신에게 마음을 엽니다.

'나의 무대'를 찾아가라

친구는 가만히 앉아 있다고 생기지 않습니다. 물고기를 잡으려면 낚싯대를 들고 강으로 가야 하듯, 친구를 사귀려면 사람이 모이는 곳으로 직접 찾아가야 합니다.

- **취미 모임(동호회)** 등산, 사진, 낚시, 악기 연주, 무엇이든 좋습니다. 공통의 관심사만큼 사람들을 빠르게 묶어주는 것은 없습니다. 지역 맘카페나 '소모임' 같은 앱을 활용하면 쉽게 찾을 수 있습니다.
- **학습 공동체** 지역주민센터, 구청, 도서관, 노인복지관 등에서는 저렴한 비용으로 다양한 강좌를 운영합니다. 새로운

것을 배우는 기쁨과 새로운 친구를 사귀는 즐거움을 동시에 얻을 수 있는 최고의 장소입니다.

· **봉사 활동** 재능 기부나 봉사 활동은 '좋은 사람'을 만날 수 있는 가장 확실한 방법입니다. 비슷한 가치관을 가진 사람들과 함께 땀 흘리며 보람을 느끼는 경험은, 그 어떤 관계보다 끈끈한 유대감을 만들어줍니다.

먼저 '베푸는 사람'이 되어라

새로운 관계에서는 먼저 다가가고, 먼저 베푸는 사람이 중심이 됩니다.

· **인사** 어색하더라도 먼저 웃으며 인사를 건네는 용기가 필요합니다.
· **칭찬** 상대방의 작은 장점이라도 발견해서 진심으로 칭찬해 주십시오.
· **지갑** 가끔은 먼저 커피 한 잔, 밥 한 끼를 사는 아량을 베푸십시오. 몇 천 원의 투자가 수십 년 갈 친구를 만들어줄 수 있습니다.

행복한 노후란, 결국 '좋은 사람'들과 함께 '즐거운 시간'

을 보내는 것입니다. 돈과 건강이라는 튼튼한 그릇 위에, 배우자, 자녀, 그리고 새로운 친구들이라는 맛있는 음식이 담길 때, 비로소 우리의 인생 2막은 풍성하고 맛있는 진수성찬이 될 것입니다.

11장

결국, 행복은
습관이었다

행복한 은퇴자들은 모두 '이것'을 했다,
다시 쓰는 감사일기

축하드립니다. 긴 여행의 끝이 보입니다. 우리는 이제 돈과 건강, 관계라는 인생의 3대 과제를 모두 해결하는 지혜를 얻었습니다. 튼튼한 경제적 방주를 만들었고, 그 방주를 이끌어갈 건강한 몸과 마음을 다졌으며, 함께 항해할 소중한 사람들과의 관계도 새롭게 정립했습니다.

하지만 이 모든 것을 갖추고도, 여전히 어딘가 마음이 허전하고 불행하다고 느끼는 사람들이 있습니다. 왜일까요? 그들은 '행복'이 '소유'의 결과라고 착각하기 때문입니다. 돈, 건강, 좋은 관계를 모두 '갖추면' 행복이 저절로 찾아올 것이라고 믿는 것이죠.

하지만 제가 만난 수많은 행복한 은퇴자들은 다른 이야기를 합니다. 그들의 비밀은 무엇을 가졌느냐가 아니라, 매일 무엇을 '하느냐'에 있었습니다. 바로 '행복을 발견하는 습관'입니다.

그리고 그 수많은 습관 중, 그들이 공통적으로, 마치 약속이라도 한 듯 매일 실천하고 있던 단 하나의 행동이 있었습니다. 그것은 바로 '감사일기'를 쓰는 것이었습니다.

"에이, 겨우 감사일기요? 너무 뻔한 이야기 아닌가요?" 이렇게 생각하실지도 모릅니다. 저 역시 처음에는 그랬습니다. 하지만 이 사소해 보이는 습관이야말로, 퇴직 후 우리의 삶을 불행의 나락에서 건져내고, 일상의 모든 순간을 기쁨으로 바꾸는 가장 강력한 '마음의 연금술'입니다.

왜일까요? 퇴직 후 우리는 '잃어버린 것'에 집중하기 쉽습니다. 사라진 명함, 줄어든 소득, 떠나간 동료들… 과거의 영광과 현재의 상실감을 비교하며 불행의 늪에 빠져듭니다.

하지만 감사일기는 우리의 시선을 180도 바꿔줍니다. 잃어버린 것이 아니라, '여전히 내 곁에 남아있는 것'에 집중하게 만듭니다.

· 오늘 아침 나를 깨워준 햇살에 감사합니다.

· "잘 잤어요?"라고 물어봐주는 아내의 목소리에 감사합니다.

· 맛있는 김치찌개를 끓여 먹을 수 있는 요리 실력에 감사합니다.

· 공원을 산책하며 마실 수 있는 시원한 공기에 감사합니다.

감사일기는 거창한 사건을 기록하는 것이 아닙니다. 이처럼 살면서 너무나 당연하게 여겨왔던 것들의 소중함을 재발견하는 과정입니다. 뇌과학자들은 '감사'를 느끼는 순간, 우리의 뇌에서는 스트레스 호르몬인 코르티솔이 감소하고, 행복 호르몬인 도파민과 세로토닌이 분비된다고 말합니다. 즉, 감사는 뜬구름 잡는 이야기가 아니라, 우리의 뇌를 '행복 모드'로 바꾸는 가장 과학적인 훈련인 셈입니다.

지금 당장 시작하는 초간단 감사일기 작성법

1. 잠들기 전, 딱 5분만 투자하십시오.

2. 노트를 펴고, 오늘 하루 감사했던 일 3가지만 적어보십시오.

3. 막연하게 '가족에게 감사'라고 쓰지 말고, 구체적으로 적으십시오.

'가족에게 감사합니다(×)'가 아닌 '저녁 먹고 소파에 누워 있는데, 말없이 다가와 어깨를 주물러 준 아들에게 감사합니다(○)'라고 적어보세요.

처음에는 3개를 채우는 것조차 어색하고 힘들 수 있습니다. 하지만 딱 일주일만 계속해보십시오. 당신은 세상이 달라 보이는 놀라운 경험을 하게 될 것입니다. 불평과 원망으로 가득했던 당신의 세상이, 감사와 기쁨으로 가득한 기적의 세상으로 바뀌어 있을 것입니다.

이 작은 습관 하나가, 당신의 남은 50년을 지탱해줄 가장 든든한 마음의 자산이 되어줄 것입니다.

하루의 주도권을 되찾는 의식,
삶을 바꾸는 미라클 모닝

감사일기를 통해 우리는 '세상을 바라보는 렌즈'를 바꾸는 법을 배웠습니다. 불평의 안경을 벗고 감사의 안경을 쓰자, 잿빛이었던 일상이 총천연색으로 빛나기 시작하는 놀라운 경험을 했을 것입니다.

이제 그 긍정적인 마음의 에너지를, 나의 하루 전체를 바꾸는 '행동의 에너지'로 전환시킬 시간입니다. 행복한 은퇴자들이 감사일기와 더불어 반드시 실천하고 있던 또 하나의 비밀 습관. 바로 '미라클 모닝Miracle Morning'입니다.

'미라클 모닝'이라는 말을 듣고, "새벽 4시에 일어나서 운동하고 책 읽는, 그런 독한 사람들만 하는 거 아니야?"라고 생각하며 미리 겁먹을 필요 없습니다. 50대의 미라클 모닝은 20대의 치열함과는 그 결이 다릅니다.

은퇴 후 우리에게 미라클 모닝이 필요한 이유는, 단순히 시간을 효율적으로 쓰기 위함이 아닙니다. 이것은 '하루의 주도권'을 온전히 나에게로 가져오는 가장 강력한 의식儀式입니다. 늦잠을 자고 소파에 누워 TV 리모컨을 누르며 하루를 '시작당하는' 것이 아니라, 세상이 잠든 고요한 시간에 일어나 오롯이 나에게 집중하며 하루를 '주도적으로 시작하는' 것입니다. 이 고요한 아침 시간이, 당신의 남은 인생을 기적처럼 바꿀 것입니다.

50대를 위한 초간단 미라클 모닝 실천법: SAVERS

유명한 자기계발서 《미라클 모닝》에서는 6가지 아침 습관을 제안합니다. 하지만 이 모든 것을 다 하려고 애쓸 필요 없습니다. 이 중 단 2~3가지만 선택해서, 하루 15분만이라도 꾸준히 실천해 보십시오.

침묵(Silence) 5분 명상

고요히 앉아 눈을 감고, 그저 자신의 호흡에만 집중해보십시오. 수많은 걱정과 잡념을 없애려 애쓰지 마세요. 그저 '아, 내가 지금 숨을 쉬고 있구나'라고 알아차리는 것만으로도, 당신의 마음은 놀랍도록 차분해지고 평온해집니다.

확언(Affirmation) 1분 다짐

거울 속 자신을 보며, 긍정적인 문장을 소리 내어 말해보십시오. "나는 오늘도 건강하고 행복하다", "나는 내가 원하는 모든 것을 이룰 수 있는 지혜와 용기가 있다" 처음에는 쑥스럽지만, 이 긍정의 언어는 당신의 무의식에 스며들어, 당신을 정말 그런 사람으로 만들어 줄 것입니다.

시각화(Visualization) 2분 상상

오늘 하루, 당신이 원하는 가장 이상적인 모습을 머릿속으로 그려보십시오. 배우자와 웃으며 산책하는 모습. 친구들과 즐겁게 대화하는 모습. 새로운 무언가를 배우며 설레는 모습. 생생하게 상상하는 것만으로도, 우리의 뇌는 그것을 현실로 만들기 위해 움직이기 시작합니다.

운동(Exercise) 5분 스트레칭

거창한 운동이 아닙니다. 잠자고 있던 몸을 깨우는 간단한 스트레칭, 혹은 제자리걸음만으로도 충분합니다. 아침의 가벼운 움직임은 온몸의 혈액순환을 돕고, 하루 종일 당신을 활력 넘치게 만들어줄 것입니다.

독서(Reading) 딱 한 페이지만 읽기

당신에게 영감을 주는 좋은 책을 딱 한 페이지만 읽어보십시오. 위대한 사람들의 지혜가 담긴 문장 하나가, 당신이 오늘 마주할 문제를 해결하는 열쇠가 될 수 있습니다.

기록(Scribing) 감사일기 쓰기

바로 앞에서 우리가 배운 감사일기를 이 시간에 쓰는 것입니다. 어젯밤에 쓰지 못했다면, 오늘 아침에 어제의 감사함을 기록하는 것만으로도 당신의 하루는 감사로 시작될 것입니다.

어떤가요? 이 모든 것을 다 합쳐도 20분이 채 되지 않습니다. 이 작은 아침 의식이 중요한 이유는, 하루의 '첫 단추'를 성공적으로 꿰는 경험을 주기 때문입니다. 아침을 성공적으로 시작한 사람은, 그날 하루 전체를 성공적으로 이끌어갈 힘을 얻습니다.

감사일기로 마음의 밭을 갈고, 미라클 모닝으로 행동의 씨앗을 뿌리십시오. 이 두 가지 습관이 함께할 때, 당신의 인생 2막은 매일이 기쁨이고, 매일이 기적인, 풍요로운 결실을 맺게 될 것입니다.

두려움을 희망으로 바꾸는 마지막 당부,
딱 하나만 시작하십시오

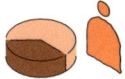

이제 정말 긴 여행의 끝에 다다랐습니다. 우리는 이 책을 통해, 은퇴라는 막막한 현실Why을 마주하고, 다운사이징부터 1인 지식기업까지 구체적인 생존 전략How을 배웠으며, 그 결과 우리가 맞이하게 될 풍요로운 인생 2막What의 모습을 그렸습니다.

감사일기와 미라클 모닝이라는 두 개의 강력한 습관까지 장착했으니, 이제 당신은 돈과 시간, 건강과 관계, 그리고 행복까지 모두 손에 쥘 준비를 마쳤습니다. 하지만 이 모든 것을 알고도, 어쩌면 당신은 이 책의 마지막 장을 덮으며 다시 깊은 한숨을 내쉴지도 모릅니다.

"해야 할 일이 너무 많구나. 이걸 다 어떻게 하지?"

"역시 나 같은 평범한 사람이 해내기엔 너무 벅찬 일이야."

그 막막함과 두려움, 너무나도 잘 압니다. 저 역시 수없이 넘어지고, 좌절하며, 포기하고 싶은 순간들을 마주했기 때문입니다. 하지만 제가 이 모든 과정을 거치며 깨달은 단 하나의 진실이 있습니다.

두려움을 희망으로 바꾸는 마법은, '모든 것을 완벽하게 해내는 것'에 있지 않다는 사실입니다. 오히려 그 반대입니다. 그 마법은 '딱 하나만이라도, 오늘 당장 시작하는 것'에 있습니다.

그래서 이 책의 마지막 장에서 제가 당신께 드리고 싶은 마지막 당부는 아주 간단합니다. 이 책에서 배운 수많은 방법 중, 당신의 마음을 가장 강하게 움직였던 '단 하나'만 오늘 실천해보십시오.

- 앞에서 배운 '나만의 재무상태표'를 딱 한 번만이라도 직접 종이에 그려보는 것은 어떻습니까?
- 앞에서 언급했던 사례처럼, 우리 동네 부동산에 들러 다운사이징할 만한 작은 집이 있는지 딱 한 군데만 물어보

는 것은 어떻습니까?

· 앞에서 본 IRP 계좌에 대해 알아보기 위해, 은행 앱을 켜서 관련 상품을 딱 한 번만 검색해보는 것은 어떻습니까?

· 그것마저 부담스럽다면, 오늘 밤 잠들기 전 감사한 일을 딱 한 가지만이라도 휴대폰 메모장에 적어보는 것은 어떻습니까?

무엇이든 좋습니다. 가장 작고, 가장 사소하고, 가장 쉬운 것 하나면 충분합니다. 당신의 남은 50년 인생을 바꾸는 것은, 이 책에 담긴 2백 페이지가 넘는 분량의 정보가 아닙니다. 그 정보를 읽고 당신이 오늘 내딛는 그 '작은 첫걸음'입니다. 그 첫 번째 걸음이 두 번째 걸음을 이끌고, 그 두 번째 걸음이 당신을 상상도 못 했던 새로운 목적지로 데려다줄 것입니다.

두려워하지 마십시오. 당신은 혼자가 아닙니다. 저와, 그리고 이 책을 읽은 수많은 동료들이 보이지 않는 곳에서 당신의 그 위대한 첫걸음을 함께 응원하고 있을 테니까요. 당신의 가장 빛나는 날은 아직 오지 않았습니다. 바로 오늘, 당신의 그 작은 실천과 함께 시작될 것입니다.

당신의 가장 빛나는 날은
아직 오지 않았다

긴 여행을 마치고 돌아보니, 우리가 함께 걸어온 길이 참으로 의미 깊었습니다. 이 책을 통해 여러분과 나눈 이야기들은 단순한 노후 준비 지침서를 넘어선, 인생 후반부를 위한 새로운 설계도였습니다.

1부에서는 마주했던 충격적인 현실들이 우리를 두렵게 만들었지만, 동시에 준비의 시급함을 일깨워주었습니다. 2부에서는 구체적인 실천 방안들을 통해 은퇴가 끝이 아니라 새로운 시작이라는 사실을 깨달았습니다. 3부에서는 투자전략으로 안전하고 지속 가능한 현금 흐름을 만드는 지혜를 배웠습니다. 마지막 4부에서는 경제적 준비를 넘어선 삶의 질에 대해 이야기하며 진정한 행복의 의미를 되새겼습니다.

이 모든 과정을 거치며 가장 중요하게 깨달은 것은 무엇일까요? 바로 '준비된 노후는 절망이 아니라 희망'이라는 사실입니다. 제대로 준비한다면, 노후는 오히려 인생에서 가장 자유롭고 행복한 시기가 될 수 있습니다. 직장에 얽매이지 않고 내가 진정 원하는 일을 할 수 있는 시기. 자녀들의 독립으로 부부만의 시간을 온전히 즐길 수 있는 시기. 그동안 쌓아온 지혜와 경험으로 누군가에게 도움을 줄 수 있는 시기. 이 모든 것이 바로 잘 준비된 노후의 모습입니다.

"언제 시작해야 할까요?"라고 묻는 분들이 많습니다. 답은 간단합니다. 바로 오늘입니다. 50대든 40대든, 심지어 60대든 상관없습니다. 중요한 것은 언제 시작하느냐가 아니라, 시작한다는 결심 자체입니다. 작은 것부터 시작해보세요. 가계부를 쓰고, 건강 검진을 받고, 평생 할 수 있는 일이 무엇인지 고민해보는 것. 이런 작은 실천들이 모여서 큰 변화를 만들어냅니다.

이 책을 덮으시면서 여러분의 마음 한편에 작은 희망의 불씨가 생겨났기를 바랍니다. 그리고 그 불씨가 꺼지지 않도록 계속해서 바람을 불어넣어 주세요. 매일 조금씩, 꾸준히, 포기하지 말고 말입니다.

100세 시대, 우리에게는 인생 2막이라는 선물이 주어졌습니다. 1막이 생존과 성취를 위한 시간이었다면, 2막은 진정한 자아실현과 행복을 위한 시간입니다. 이 소중한 시간을 불안과 걱정으로 보내지 마시고, 꿈과 희망으로 채워 가시기 바랍니다.

여러분의 노후가 황혼이 아닌 새로운 여명이 되기를, 그리고 인생의 가장 아름다운 장이 되기를 진심으로 바라며 이 글을 마칩니다. 준비하는 자에게는 반드시 기회가 온다는 것을, 그리고 여러분 모두가 그 기회를 잡을 수 있는 충분한 능력을 갖고 계신다는 것을 믿어 의심치 않습니다. 새로운 출발을 앞둔 여러분의 용기 있는 첫걸음을 응원합니다.

최소한의 은퇴공부

초판 1쇄 2025년 10월 15일

지은이 이의상
펴낸이 허연
편집장 유승현

책임편집 정혜재
편집부 김민보 고병찬 이예슬 장현송
마케팅 한동우 박소라 임성아
경영지원 김정희 오나리
디자인 김보현 한사랑

펴낸곳 매경출판㈜
등록 2003년 4월 24일(No. 2-3759)
주소 (04557) 서울시 중구 충무로 2(필동1가) 매일경제 별관 2층 매경출판㈜
홈페이지 mkbook.mk.co.kr **스마트스토어** smartstore.naver.com/mkpublish
페이스북 @maekyungpublishing **인스타그램** @mkpublishing
전화 02)2000-2641(기획편집) 02)2000-2646(마케팅) 02)2000-2606(구입 문의)
팩스 02)2000-2609 **이메일** publish@mkpublish.co.kr
인쇄 · 제본 ㈜M-print 031)8071-0961
ISBN 979-11-6484-820-1(03320)